情報発信の
プロがやっている

読書を自分の武器にする技術

尾藤克之

WAVE出版

はじめに

私が、書籍紹介をはじめたのは2010年にさかのぼります――

本は、「可能性の扉を開く魔法」のようなものです。

私はその魔法にかき立てられて、本を読むようになりました。

ある編集者から「助けてください」と連絡が入りました。売れ行きが芳しくないのです。投稿していたサイトが、YAHOO!ニュースと契約していたので、試しに紹介記事を載せてみたところ、アクセス1位を獲得し、Amazonが一気に売り切れます。

その後も、私が紹介する本は必ず売れました。口コミで評判になり、多くの出版社から本が送られてくるようになったのです。

これまで1万冊以上を手掛けています。日本でも1万冊以上を紹介してきた人は稀有な存在ではないかと思います。そして、気がついたら私自身の著書も22冊を数えました（本書が22冊目です）。

私は1600グラムという超未熟児で生まれてきました。小学校低学年の頃は、小児喘息の影響で体が弱く、体育の授業は休みがちでした。心配した母親は、私を英会話教室や、児童音楽クラブに入会させるなどしましたがイマイチしっくりきませんでした。

小学校2年生のときのことです。当時、中野区（東京都）の小学校の夏休みは42日間あり、宿題の読書感想文を毎日書いていました。そして、夏休みが終わる頃には42枚（42冊分）になっていました。読書感想文を書いた後に母からもらえるお駄賃を握りしめて、近所の本屋に駆け込むのが至福の時間でした。

新学期になったある日、突然校長室に呼ばれました。読書感想文が中野区の展示会に出展されることが決まったのです。その結果、優秀賞を授与されました。次に、都展（東京都の展示会）に出展することが決まりました。その後、担任からは読書感想文が教育委員会で評判となり研究材料になったと聞かされました。

私の読み方は当時から精読ではありません。小学校2年生に難解な漢字は読めませんからキーワードや単語を拾いながら読む「スキミング」読みになります。読書感想文を書かないとお駄賃をもらえないため、スピードが必要だったのです。

学年が上がるにつれて体調にも変化がおとずれます。毎日牛乳を飲みだして、マラソンをはじめたところ、急激に身長が伸びだします。中学3年で180センチになり、いまでは185センチの高身長を維持しています。しかし、当時の「読書習慣」はいまだに継続しています。

ニュース記事投稿の経緯について

当時、主戦場としていた『言論プラットフォーム「アゴラ」』はオピニオンサイトとして注目されていました。日本に現存するオピニオンサイトのなかでは、かなりの老舗になると思います。多くのサイトでは専門家と言われる人たちも奥歯に物の挟まったような言い方しかしないなか、アゴラでは名前を名乗り大手では取り上げないテーマに挑戦する姿勢が支持されました。

当時、配信していたYahoo！ニュースでは、アクセスランキングの半分近くを占有したこともあります。私も正規メンバーとして登録して10年が経ちます。当時話題になったのがこの1冊『「死ぬくらいなら会社辞めれば」ができない理由（ワケ）』（あさ出版）です。

出版前に編集者から相談を受けており、プルーフ版（わら半紙の簡易本）を手にしていました。反響を見たかったので出版前にも関わらず記事を公開したところ、Yahoo！ニュースで好アクセスを記録します。確信を得たので出版前に5回連続掲載しました。

その結果、２回目の掲載でアクセス１位を獲得し、以降、連続３回アクセス１位を記録しました。最終的に、半年で合計20回掲載し（アクセス１位獲得は10回）、総獲得アクセスは１億ＰＶを超え12万部を超えるヒットを記録しています。

現在、書籍紹介サイトは群雄割拠の状態です。多くのサイトでビジネス書ランキングなどを公開するようになりました。私が公開している記事やランキングが、なんらかの影響を与えたのであれば、それには意味があったのだと考えています。

当時、ニュース記事に書籍を紹介する人など皆無でした。いまでは、書籍紹介でメジャーなライフハッカーなどもマイナーな存在でした。その後、誰から聞いたのか事務所にも大量の本が届くようになります。

いまとなっては、ステマのそしりを受けるかも知れませんが、当時は私の競合が存在しなかったのです。特に当時のＹａｈｏｏ！ニュースの効果は抜群でした。アクセスランキング１位を１００回以上記録した人も滅多にいないと思いますが、影響力のあるコラムニストとして知られるようになりました。

本書のメリット

リモートワークが主流になった現在、読書人口が増えたという話をよく聞きます。私が開催したセミナーでも関心の高さを感じられる結果となっています。「たくさんの本を読みたい」「たくさんの情報をインプットしたい」と、悩んでいるビジネスパーソンが増えているのです。

一方、作家、ジャーナリストをはじめ、脳の専門家、速読術など、それぞれのプロが読書術を解説するようになりました。読者からすればどの方法が役立つのかわからない状況です。なかには、再現性が低いものも少なくありません。

そのため本書では、誰もが実践できる平易な読書術の紹介につとめました。読書をするうえで普遍的なルールやコツを重要度別に理解できるようになります。職業、年齢、目的を限定せずに、多くの人の読書力向上に役立つように構成しています。

本書が読書に悩む人の一助になれば幸甚です。

目次

第1章 読書のコツを知れば、本がもっと面白くなる

第2章

GIGA時代に求められる読み方

第3章

本の3分の1だけで十分！読書の新常識

第4章 工夫をすれば記憶への定着率が変わる

第5章 型を知れば、読書がもっと楽しくなる

第6章 読書術の本が教える、本の読み方、活かし方

第1章

読書のコツを知れば、本がもっと面白くなる

1 自分に合った読書スタイルで楽しもう

▼読書人口の増加と読書の目的

最近、読書人口が増加しています。文化庁の調査でも、「本を読んだ人」の割合は増えているとの調査結果が報告されており、コロナ禍で自宅時間が増えたことが要因として考えられます。

それに呼応するように読書に関するイベントやサービスも急増。たとえば、ビブリオバトルや読書会などのイベントは、全国各地で開催されています。また、オンライン書店や電子書籍の普及により、読書のハードルが下がったことでも、読書率の上昇につながっていると考えられます。

一般的に、読書術は、本を速く読むための技術として考えられています。読書速度をアップさせることができれば、効率的に大量の本を読むことができるからです。すでに、速読の手法はいくつか存在しており、そのなかには短時間で大量の本を読むことができるという手法もあります。

また、速読に関する出版物も多く研究も盛んです（後ほど紹介します）。それだけ、「本を読むのが遅い」と感じている人が多いということでしょう。

眼球運動と視野の広さのトレーニングについて興味深い研究結果があります。森田愛子氏（広島大学教授）は簡易な速読トレーニングを作成しています。それによれば、日本人の平均読書速度は500〜800文字／分であることがわかります。

▼速読と熟読の違いと読書方法

私の読書スタイルは速読ではありません。小学校から続けている、「3分1リーディング」という方法を使って、ビジネス書1冊を約10分で読んでいます。しかし、本を速く読むことと、その内容が身につくことは別の話です。

最も大切なことは、本で読んだ内容を、価値ある情報としてアウトプットすることです。本を読み、その内容を価値ある情報としてアウトプットできるようになってはじめて、その本の内容を身につけたといえるのです。

一方で、熟読を好む人もいます。熟読は楽しいものです。本をゆったりと熟読して、本の世界にどっぷり入り込める時間はまさに至福です。とはいえ、一字一句、長い時間をかけて本を読むことは、時間がたっぷりあるときならまだしも、限られた時間で読まなくてはいけないときには、なかなか難しいものです。

また、熟読すれば、本の内容が身につくとも限りません。熟読しても1週間もたてば内容なんてほとんど忘れているからです。

では、どうすれば効率的に読書を楽しむことができるのでしょうか？

重要なことは、読書の目的を明確にすることです。目的が明確なら熟読にこだわる必要はありません。なお、後ほど詳細に解説しますが、私は速読に関しては少々懐疑的な立場をとっています。なぜならば、速読が読解力を低下させる可能性があるからです。

速読の効果は個人差が大きく、すべての人に効果があるわけではありません。一定レベル以上に速読速度を上げることが困難であることも理由です。

世の中には、速読効果をうたっている講座も多く見受けます。高額なフィーを支払ったにも関わらず、再現性が乏しい講座も存在します。

たとえば、ある講座を100人が受けたとします。2〜3割くらいの人になんらかの効果があるなら意味はあるといえるでしょう。しかし、数人しか効果がないのなら、その講座に一般性があるとはいえないと思います。無意味とまではいわないものの、目に見える効果がほしいところです。

眼球運動などは、特殊な要素が必要とされます。誰でも簡単に習得できるものではないと思います。科学的な検証が十分に行われていないものが多く、効果を過度に期待することはできないでしょう。

まずは、自分の目的や読書スタイルをよく考えて判断することが大切です。効果を判断したい場合は、実際に習得することで、自分にどのような効果があるのか、体験講座に参加して実検証するといいと思います。

ポイント

読書人口が増え、イベントやサービスも活性化しています。この機会に、読書方法について学んでみましょう。自分の目的やスタイルに合わせて読書方法を選ぶのが理想的です。

2 速読は本当に効果的なのか？

もし、速読に効果があるなら、すでに学校教育の場で取り入れられているはずです。しかし、その動きは見られません。また、受験勉強に効果があるなら、大手学習塾が導入しているはずです。導入されていないということは、科学的に実証されてはいないということではないでしょうか。

▼速読の有効性に関する疑問

速読は、いつの時代にも一定のニーズがあり、さまざまな流派が誕生しているスキルです。私は、いくつかの速読術を試してみましたが、マスターできたものはありませんでした。

セミナーに参加するとサンプル本（場合によってはレポート）が配布されます。誰もが知っているような著名経営者のビジネス書です。大ヒット作ですから読まなくても中身は容易に推測ができます。実際に読めなくても読めた気分になるのでしょう。

もっとわかりやすく説明するなら、日本人に馴染みのあるエピソードの本（必殺仕事人や大岡越前や水戸黄門など）を渡されても内容は推測できます。ビジネス書も同じパターンのものが多く、内容がある程度はパターン化されています。そのため、ページをパラパラするだけで読めた気分になるわけです。視界にはいった文字が数万文字あったとして、それを1分間に何万文字読めたと誇張して宣伝しているようにも見えます。

▼速読術の限界を理解する

読書家として有名な著名人として、三木谷浩史（楽天）、熊谷正寿（GMO）などが挙げられます。インタビューなどでは、1冊を数分で読み、読書を通じて常に学び続けることの大切さを説いています。ブログやインタビューでも度々、読書の効能を語っています。

読書家に共通しているのは、あらゆるジャンルの数え切れない単位の本を読破しているという点です。読書量によってつくられた知のデータベースの存在によって、時間をかけることなく読書が可能になったものと思われます。

私も読書量は多いほうだと思います。ビジネス書であれば、タイトルや手に取っただけで本の内容が推測できますが、これは大量の本を読んでいれば誰にでも培われるスキルだと思います。

キングス・カレッジ・ロンドンで神経学を研究しているアン・ロール・ルクンフ氏は、「速読術はまやかし」だと論じています。

マサチューセッツ工科大学の認知科学者であるメアリー・ポッター氏らが、視神経の構造や文字を理解する脳の仕組みから速読術を検証し、速さと精度はトレードオフであることを示しています。ほかにも、速読に関する批判的な論述を展開している研究は多いのです。

速読の指導法には、さまざまなものがありますが、その多くは、視線の動きを制御したり、文字をすばやく認識したりする訓練を伴います。しかし、これらの訓練によって、読解速度が実際に向上するかについては、科学的な根拠は乏しいのです。

速読によって読解速度が向上しても、読み取った情報の理解度が低下する可能性があることが、研究によって示されています。これは、速読によって、読者の注意力が分散され、重要な情報を見逃しやすくなるためと考えられています。

速読の指導法には、さまざまな流派があり、その理論や方法論は統一されていません。また、速読の効果を検証した研究も内容にばらつきがあります。速読の効果を検証するにはさらなる研究が必要になると思われます。

一方で、速読の有効性を疑問視する多くの研究は数多く存在します。本書では、速読を批判している研究結果を注釈で紹介しています。関心のある方はお読みください。速読の実体が見えてくると思います。

ポイント

速読の多くは効果が検証されていません。読めた気分になるだけで内容は理解できないとする研究発表も多くあります。読書家は、読書量が圧倒的に多いため速く読めるのです。

3 復習は記憶を定着させる最善の方法

▼速読は理解を下げるのか

一般的に読書スピードが上がれば上がるほど、理解度は低下するといわれています。これは学術的にも実証されています。

ビクトリア大学のマイケル・マーソン教授は、通常スピード（1分間に約240語）、流し読み（1分間に600語）、速読（1分間に700語）の3つに分けて、理解度を測定する実験をしました。その結果、速読の結果が悪かったという結果を導き出します。

カリフォルニア大学サンディエゴ校のキース・レイナー教授は、大学生に通常ペースで文章を読んでもらい、次に読み返しができない方法で読んでもらい比較しました。最初の試験では、正答率は75%でしたが、読み返しができない方法では50%にとどまったのです。

これらの結果が示しているのは、速読は定着がしにくいこと、復習（読み返し）が定着に効果があるという点です。

ここで読書の定着率に関する情報をお教えします。

なぜ人は本の内容を忘れていくのでしょうか。私たちは何かを学んだとしても、時間の経過とともに忘れてしまうのです。なんで忘れてしまうのか嘆いても意味がありません。脳がそのような構造になっているからです。しかし、脳の構造を理解することで学びの質をアップすることができます。

▼時間の経過と記憶の関係とは

エビングハウスの忘却曲線をご存じでしょうか。

ドイツの心理学者、ヘルマン・エビングハウスの発表した「エビングハウスの忘却曲線」のことです。この研究では、無意味な音節を記憶したうえで、時間とともにどれだけ忘れるかを数値化しました。その結果は上のとおりです。

20分後	には	42%	忘れる
1時間後	には	56%	忘れる
9時間後	には	64%	忘れる
1日後	には	67%	忘れる
2日後	には	72%	忘れる
6日後	には	75%	忘れる
31日後	には	79%	忘れる

ただし、この研究結果には注意点があります。それは、無意味な音節を覚えたときの研究結果だということです。これが意味のあるデータだったらどうなったでしょうか。

たとえば、銀行の暗証番号や自宅の電話番号はなかなか忘れないものです。意味のない4桁の暗証番号は忘れてしまいますが、意味のある暗証番号はなかなか忘れません。意味のない10桁の電話番号はすぐに忘れてしまいますが、自宅の電話番号はなかなか忘れません。円周率も、多くの人にとってはあまり意味のない数字です。ところが、暗唱世界記録は、インド人のスレシュ・クマール・シャルマ氏の7万30桁です（ギネス世界記録公認／2023年10月現在）。

ほかにも、年号を覚えるための語呂合わせがあります。歴史の授業で学んだことがある人は多いと思います。1例を挙げてみましょう。

593年　聖徳太子が摂政になる ▶ 聖徳太子ご苦労（593）さん
1467年　応仁の乱 ▶ 一夜（14）空しい（67）、応仁の乱
1582年　本能寺の変 ▶ 一行（15）パニック（82）、本能寺
1853年　ペリーが浦賀に来航する ▶ いやー（18）降参（53）、ペリー提督
1931年　満州事変 ▶ いくさいま（1931）はじまる満州事変

これらの研究結果からは何がわかるのでしょうか。ポイントは3つあると考えられます。

①何かを学ぶとき、それが意味のあるものなら暗記はたやすいこと
②意味のないものは、すぐ忘れてしまうこと
③復習を重ねるごとに、忘れにくくなり記憶に定着すること

▼復習を繰り返すことで、記憶は定着する

ほかの研究結果を紹介します。カナダのウォータールー大学の研究結果では、何も知らないところから学習し知識を得た場合、記憶は100％のところに上がります。

このまま学習をしないと、「エビングハウスの忘却曲線」のとおり、時間の経過とともに記憶は失われていきます。しかし、24時間以内に10分間の復習をすると、記憶率は100％に戻ります。

さらに、1週間以内に5分の復習で記憶がよみがえり、1カ

月以内に復習すれば、2〜4分で記憶がよみがえります。10分程度の復習で学んだことが定着しますから、その日の復習、1週間以内の復習、1カ月以内の復習がいかに大切か理解できると思います。

ポイント

読書スピードと理解度の研究は事例が豊富です。速読は理解度を低下させるものの、意味のあるものは暗記しやすく、復習を繰り返すことで記憶が定着することが示されています。

4 読書は、楽しまなくては意味がない

私自身は、速読だろうが熟読だろうがかまわないと考えています。自分の好きなように読むほうが、気分も乗り、インプットする力も大きくなることが多いからです。

▼ビジネス書の読み方

いまあなたが手に取っている本書はビジネス書（または実用書）と呼ばれているものです。ビジネス書とは、ビジネスに役立つ知識やノウハウを提供する書籍のことを指します。ジャンルは多岐にわたり、経営・マネジメント、マーケティング・セールス、財務・会計、人事・総務・労務・法務、リーダーシップ、コミュニケーション、最近では自己啓発を含むようになりました。

ビジネスに直結するスキルを学ぶことができるため、ビジネスの知識やスキルを身につける人にはうってつけです。ビジネスにより特化したものをビジネス書、日常的にも役立つ情報が載っているものを実用書と分ける場合もありますが、本書では、ビジネス書＝実用書として解説していきます。

ビジネス書を読んだことのある人ならわかると思いますが、内容には一定の「類似ポイント」が存在します。たとえば、文章術の本であれば、「文章を書くことの必要性」が解説されているでしょう。対象が会社員であれば、「結論ファーストの必要性」や「短く簡潔に書く」ことの重要性が載っていると思います。

一方で学生を対象にしているものならば、「就活で使える文章術」「授業のレポートに役立つ文章術」などが載っています。

人間関係の本なら「社会におけるコミュニケーションの重要性」が解説されていることに気がつくと思います。

ビジネス書には「類似ポイント」があり、排除できない要素が存在するのです。そのため、ビジネス書は読み飛ばしても内容を把握することが難しくありません。差別化が難しく、どの本を読んでも同じように感じてしまうのは「類似ポイント」があるためです。

ビジネス書を読む場合、表面的な字面を読んでも学びはありません。私は、**本の主題を理解することと、著者の心の奥深くにある「隠れたテーマ」を見つけることがポイント**だといつも伝えています。

私の本を例にしましょう。2021年に『100万PV連発のコラムニスト直伝「バズる文章」のつくり方』（WAVE出版）を上梓しました。ネット文章術を鍛えるためのスキル本ですが、「隠れたテーマ」は2つありました。

ひとつめは「どんな文章が伝わるかは、プロの文筆家でもわからないこと」、2つめは「正しい文章が伝わるわけではないこと」です。

▼読書の楽しみ方とは

読書の目的は、暗記することではありません。楽しみながら読んで、「隠れたテーマ」に出会うことが、読書の醍醐味なのです。

『100万PV連発のコラムニスト直伝「バズる文章」のつくり方』は、朝日新聞読書欄（2021年10月23日付朝刊）で紹介され、大きな反響を呼びました。

本には書き手の人間性があからさまに表現されます。それを感じながら読むことで「隠れたテーマ」を見つけることができるのです。

また、楽しくなければ読書とはいえません。本を読んで、著者に共感した箇所があれば「読書は成功」といえるでしょう。ですから、気楽に読書そのものを楽しむスタンスが大切なのです。

そのためには、読書の習慣を、自分の生活のなかに取り入れることをおすすめします。食事や風呂、リラックスしているとき、出勤時間、休み時間。自分の生活にパターン化することで自然に習慣化されていくはずです。

いま、想像してみてください。自分が読書を楽しんでいる姿を。そう考えるだけで、イマジネーションがかき立てられるようになりませんか。読書を楽しむと決めた瞬間、あなたに必要な情報が、必要なときに頭にスッと吸収されるようになるのです。

「速く読まなければいけない」と、強迫観念を感じることはありません。このようなムダな強迫観念はバッサリ切り捨ててしまいましょう。読書は楽しまなくては意味がないのです。

ポイント

ビジネス書には「類似ポイント」があり、本の主題と「隠れたテーマ」を見つけることがポイントです。読書を楽しむために、自分の生活に読書の習慣を取り入れることをおすすめします。

5 読書スキルを身につけて吸収しよう

▼本は読むだけじゃダメ

本書の冒頭で読書におけるアウトプットの有効性を解説しました。私は2010年から今日まで、1万冊以上の本を記事化する（アウトプット）作業を繰り返してきました。ここ数年は、ペースは落ちましたが、それでも1年に数百冊の本を紹介しています。

その過程から得た結論は、**アウトプットのベースになるのは読解力であり、理解力**だということです。速読して本をたくさん読んでも、内容を理解していなければ読んだとはいえません。

逆に、どんなに長い時間をかけて丁寧に読んでも、単に文字を追っているだけでは内容を理解することは難しいと思います。

つまり、理解できていなければ、本を読んだことにはなりません。理解できていなければ、アウトプットは不可能です。アウトプットできない本は、読んだとはいえないのです。

では、本の内容を理解するためにはどうしたらいいのでしょうか。

▼本を読んでも理解できない理由

なぜ本を読んでも理解できないことがあるのか考えてみましょう。大きく3つあると考えています。

ひとつめは、読み手の読書のスキルが確立されていないことです。

本は好きに読んでかまいませんが、効率性を高めたいのならスキルが必要になります。そのスキルのひとつが、最近流行っているメモ術です。メモのとり方ひとつで本を読むときの理解力と記憶力が大きく変わります。

2つめは、読む本が、自分の理解力を上回った場合です。

自分の理解力以上の、リテラシーが必要とされる本に挑戦することは悪いことではありません。しかし、自分の理解力より、はるかに高い本を読むことは、慣れないうちはおすすめできません。

小学校1年生の児童が小学6年生の教科書を読んでも理解するには限界が生じると思います。早々と挫折をして勉強が嫌いになるかもしれません。

もちろん、高いレベルにチャレンジすることは否定しませんが、少しずつ階段を上っていったほうが楽しく読書に取り組むことができるでしょう。

私の場合は、読んだ本を記事やニュースとして紹介しています。本から情報を吸い上げて活かしていくには相応の時間が必要です。本を読む人の多くは即効性を求めています。なかなか手応えを感じられなくても、焦らずに根気よく継続することが大切でしょう。

3つめは、本そのもののクオリティが低い場合です。

あまたある本のなかには、残念ながら、ありきたりのエッセイを寄せ集めた本や、テーマがはっきりせずに軸が定まっていない本が存在します。こういう本は読んでも印象に残りません。印象に残らないため、記憶に定着することもありません。記憶に定着しませんから、もちろん、アウトプットする必要もありません。

▼書店員さんに聞いて知らない本に出会おう

あなたの大切な時間をムダにしないためにも、読書する前の段階で、どの本を読むか、選ぶ必要があります。

どの本を読むか選ぶ方法はいくつかありますが、書店に行って、実際に手に取ることをおすすめします。書店員さんに聞くのもいいでしょう。本当に本が好きで、そのジャンルに精通している書店員さんが見つかれば、あなたの強い味方になります。

私は、いわゆるヒット本（ベストセラー本）には興味がありません。書店員さんには次のように声かけをしています。

「まだヒットしていないけど、これから売れそうなおすすめの本はありますか？」
「ジャンルはなんでもかまいません。店員さんが好きな本を教えてもらえますか？」

書店員さんは根っからの本好きであり本のプロです。彼らの意見を聞かない手はありません。なかには、識者よりも専門性が高い方がいる場合もあります。書店の売り場には世相が反映されていますが、書店員さんの好みや傾向が見えるものです。

「なんでこの本は大量に平積みされているのかな?」「この施策は著者や出版社がお金を払ってプロモーションをしているな」など、いろいろな情報も入手できるはずです。

売り場を見てまわるだけでも有益なインプットになりますが、近くに書店員さんがいたら積極的に声をかけてみるようにしてください。表に出てこない「お宝情報」「マル秘情報」を持っている可能性も高いのです。

ポイント

本の内容を理解するには読書のスキル、理解力、本のクオリティが影響します。インプットを増やすために、書店では書店員さんに知らない本やマル秘情報を聞いてみるのもいいでしょう。

6 要点だけ理解して効率読書を目指す

飛ばし読みとは、本のなかで必要のない部分は読まずに、必要な部分だけを読むことを意味します。読書の時間を短縮し、興味や目的に応じた情報を効率的に得られます。細かい部分を読み込むのではなく、ざっくりと内容を把握することを意識するといいでしょう。

仕事や勉強で、特定の情報を探すときに効果的なので、ここでは具体的な方法をお教えします。

▼読書新法？　要点速攻キャッチとは

本には目次があります。最初に目次を読み、全体像を把握するようにしましょう。 もし、目次を読まないという人がいたら、それは大変リスキーです。目次には地図の役割があるからです。

はじめて日本に来た友人が東京、北海道、大阪、福岡、仙台の順番で観光をしたいといったとします。それぞれの都市の位置がわかっていれば、北海道↓仙台↓東京↓大阪↓福岡とまわるはずですが、地図を理解していなければ、効率的なルートでまわることはできないでしょう。

目次には地図のような役割があり、目次を読めば本の全体像と文章の関係性が理解できます。この章は何について書かれていてどのような論理展開をしているのかわからなければ理解度に大きな差が生じてしまうでしょう。

私は最初に章と小見出しの流れをチェックします。**特に、第1章にはキラーコンテンツ（キラーコンテンツ＝本の要点やできのよいコンテンツという意味）が置かれていることが多いので注視します**。

第1章に書かれている内容が予想を超えて充実していた場合は、第2章も続けて読みます。逆に第1章の内容が乏しければ、その本を続けて読んでも期待を上回ることは99％ありえないため、その時点で本を読むことを辞めてしまってもかまいません。

読書前の目次読みは、その本を読む前の準備体操として大切な作業なのです。目次読みは数秒から1分くらいで終わりますが、この作業をするだけで読書を何倍も効率的にすることに気がつくはずです。目次読みは必要であるとここで断言しておきます。

▼情報ゲットの醍醐味は飛ばし読み

わからない表現や言葉はドンドン飛ばしてかまいません。これまで多くの人が、「本は最初から最後まで読まないといけない！」という間違った呪縛にしばられていました。学校でも精読することを推奨しますから仕方のないことかもしれません。そのようなときには、何を目的にこの本を読むのか？　という原点に立ち返ることが大切です。

また、私が、**本文以外で注目しているポイントに図表があります**。一般的な意味と異なる業界用語などが使われていることがあるからです。もしくは、言葉の指す意味を誤解しないように注釈しているものが多いです。

カッコ書きの補足も注目します。専門用語や言葉の意味、略語の正式名称などが対応されているからです。一方で、脚注で説明している用語などは飛ばします。説明が長くなる場合、脚注で説明していることが多いですが、読まなくても全体の意味はつかめるのです。

飛ばし読みの効果に関する研究事例は多く、読書のスピードや理解度を向上させる有効な方法であるということが科学的にも実証されています。

発達性読み書き障害の児童に対してテキスト読みのスキルを測定した研究では、視覚的な音韻意識訓練は、飛ばし読みの技術を向上させる効果があると考えられました。

電子書籍のメディア特性と読書行動の変化について分析し考察した研究では、電子書籍は、飛ばし読みの効率を高めるメディアであるとの結果が導き出されています。

ポイント

飛ばし読みとは、本のなかで必要のない部分は読まずに、必要な部分だけを読むことを意味します。飛ばし読みは、時間を短縮し、興味や目的に応じた情報を効率的にインプットします。

7 本を読むなら汚く読むのが鉄則である

あなたは、「読書の目的は?」と聞かれて答えることができますか? 読書をするとき、ただ漫然と読みはじめている人はいませんか?

もちろん、楽しむときの読書はそれでもいいのですが、限られた時間で本を読まなくてはいけないときに読書の目的を決めることで、読書のスピードや吸収力が一気に加速します。

▼読書はインプット&アウトプットがすべて

私の場合は、「インプット&アウトプット」を目的にすることがほとんどです。ビジネス書の書籍記事を書くことが多いので、ビジネス書（実用書）を読む比率が8割。ビジネス書は、いま抱えている課題に対しての解決策を提示するものですから、自分の抱えている課題がより明確であることが、理想的な1冊を見つけるヒントになるはずです。

理想的な1冊とはハウツー本のはずです。考えを深めるものではなく、表面的にわかりやすい情報が役立つからです。

まずは、**「アウトプット」を目的にすると効率的です**。本を読んで「いい本だった」「ためになった」という感想を耳にすることがあります。であるならば、その感想や意見、何に対して感情が揺さぶられたのかなどアウトプットとして残さなければ意味がありません。

アウトプットに残すことで、行動変容が促されます。時間をかけて読書をしても、自分の行動変容に変化を起こさないと読んだ本も報われません。

▼あなたの知性を本に書き込め

私は**本に直接、マーカーや書き込みして、汚く読むことを推奨しています**。「大切な本は、キレイに読みたい」「カバーも外したくないしページも折りたくない！」という人がいますが、私は本をキレイに読むことをまったく推奨しません。読んでいて気づきがあったら、ページにドンドン書き込んでいきましょう。

書き込む方法ですが、キレイに要点を整理して書き込んではダメです。**「漢字は一切使わない」「殴り書きにする」ことを徹底してください**。

色は赤と黒の2色で十分です。あらかじめ、黒は気になる箇所、赤は重要箇所と使い分けるのもいいですが、私のやり方は少々異なります。

1回めの読書は黒、2回めの読書は赤にしています。色を変える手間が省けますので、スムーズに読書ができます。1回め、2回めの文字を比較すれば、自分の意識の遷移が確認できます。

漢字を使わず、殴り書きにすることが、なぜ必要かというと、漢字を考えている時間がムダだからです。さらに、漢字にコンプレックスを持っている人が多いこともあります。

会社の会議でホワイトボードにメモする人を思い出してください。漢字が苦手な人は、難しい漢字を使う言葉をとっさに書くことができません。メモをする役割を担ったときはひらがなかカタカナで書くとスムーズです。丁寧でキレイな字ではなく、殴り書きでとにかくスピーディーに書くことで効率がアップします。

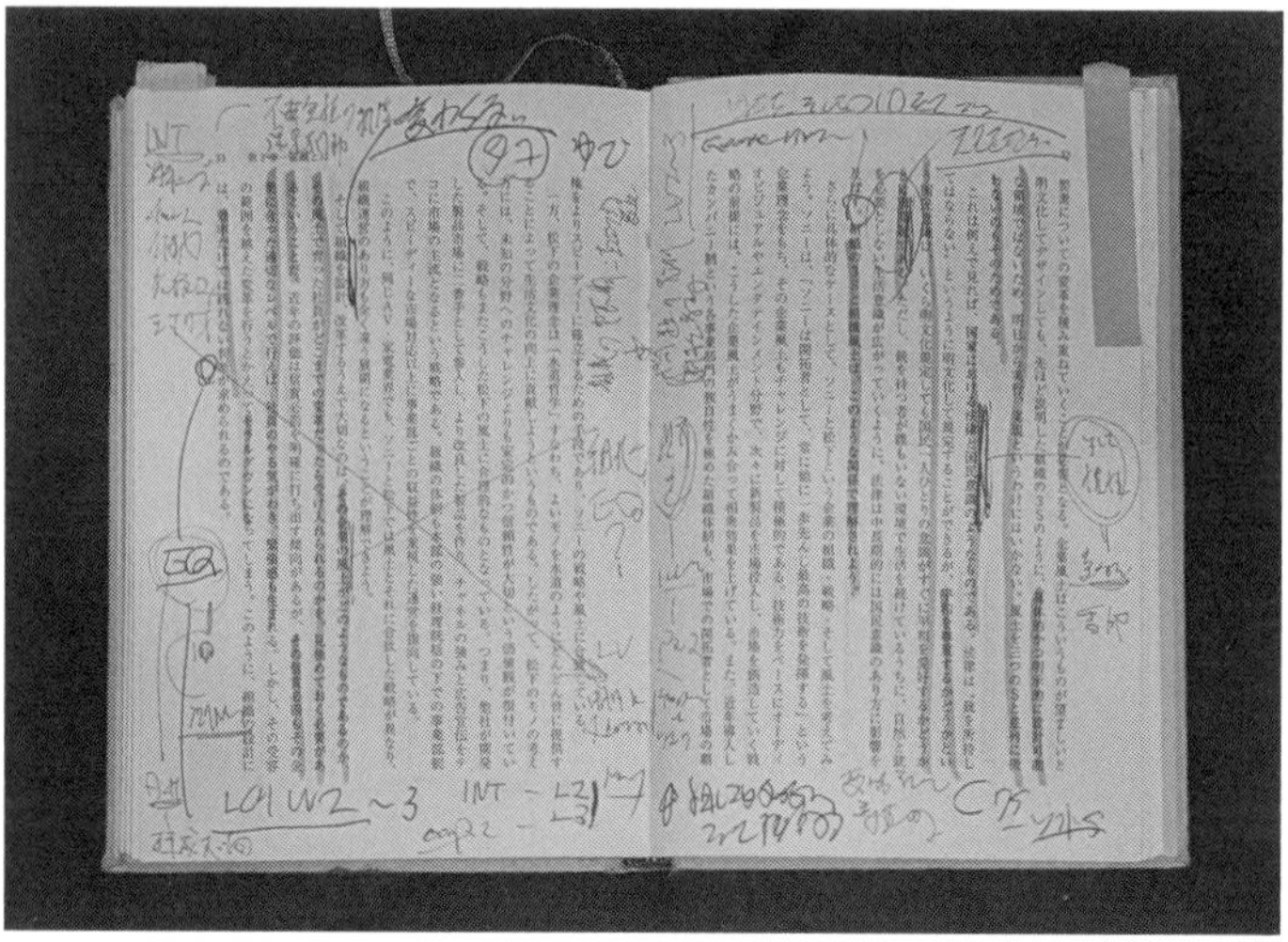

著者が実際、ページに書き込みをしたビジネス書

本書を企画することになった出来事があります。あなたは、Ｃｌｕｂｈｏｕｓｅ（音声ＳＮＳ）をご存じでしょうか。じつは私もほとんど使っていませんでした。

活用するようになったきっかけは、元ＦＭ８０２アナウンサーで、現在フリーナレーターとして活動している、下間都代子さん主宰の『耳ビジ★耳で読むビジネス書』への出演依頼です。耳ビジは４０００名のリスナーを抱える人気番組です。

この番組では、主に読書術について説明をしました。そのなかで、本に直接書き込む話をしたところ、「本には書き込めない」「もったいない」という声が寄せられました。私は、「**本＝テキストや参考書と思え**

ばいいんですよ。だって、テキストや参考書だったら書き込みをしても問題ありませんよね？」と回答しました。

その後、実物が見たいという声があり、出席者にシェアしたのが右の画像になります。この本は20年近く前のもので何回もくり返し読んでいます。殴り書きですが、自分の文字は何年経っても読めるのが不思議です。このときのエピソードが評判になり、本書を企画することになりました。

本を汚したくない人にはPCを立ち上げてメモをしながら読むという人もいると思いますがまったくおすすめできません。たとえば、ページに線を引く場合、PCのノートやWordではその作業が瞬時にできません。

線を引くときには、自分の知性（知ったり、考えたり、判断したりする能力）が必要だと思うからこそ、その箇所に線を引こうとしているわけです。その知性の感覚を妨げてはいけません。**ペンで書き込んでグシャグシャになった本は、あなたにとって学びのバイブルです。**

キレイな本が欲しくなったら、また同じ新刊を購入すればいいだけの話です。

ポイント

読書の目的を決めると効果が高まります。本にはマーカーや殴り書きをして、自分の知性を書き込みます。色は2色で区別し、漢字は使いません。本は汚く読むべきなのです。

8 本を読めば国語力アップ？ 読書は最高の勉強法

前のセクションで、本はキレイに読む必要などなく、ペンで思いのままに書き込むことを推奨しました。ところが、せっかくマーカーを引いて読んでもそれで終わってしまえば何も残りません。1冊読み終えると読了感に満たされて放っておく人はいませんか？

▼マーカー読みで本の中身を自分のものに

私がおすすめしたいのは1冊読み終わった後の、マーカー読みです。マーカー読みは線を引いた箇所をチェックするだけです。たったそれだけの作業で、読んで学んだことが整理されてあなたのなかに定着化します。

外部の情報を吸収しただけでなく自身の思考を通っているので、より記憶に残りやすいのです。スピードを重要視するなら、アウトプットを中心に考えるようにするといいでしょう。

また、**本は何を読むかより、何を読まないかが大切です**。

世の中にはたくさんの本があります。皆さんの限られた人生で、すべての本を読むことは、残念ながら難しいでしょう。ですから、本は、何を読むかより、何を読まないかを決めることが大事なのです。

私の場合、ベストセラーや流行本の類はすすんで読まないようにしています。流行の本を読んでいるとみんなと同じ発想しかできなくなるからです。人の思考は読むものからできていると考えています。


私は、小学校時代にライトノベルズにはまり、その後は手当たり次第に乱読したことがあります。内容が理解できない本もありましたが、新しい知識に触れることができて満足でした。その影響でしょうか、小中高では、国語（現代国語）の成績が群を抜くようになっていました。本を読むと読解力がアップすることは間違いありません。

文部科学省は、読書には7つの効果があるとまとめています。「国語力を身につける」「知識や教養を身につける」「思考力や判断力を養う」「想像力や創造力を高める」「コミュニケーション能力を向上させる」「ストレスを解消する」の7つです。

読書をすることで、文章を理解し、自分の考えを表現することが可能になります。語彙力や読解力が向上し、自分の考えを論理的にまとめられるようになります。

つまり国語力の向上につながります。また、さまざまな分野の知識や教養を身につけ考えを深めることができます。

新しい発想やアイデアが生まれやすくなりますから想像力アップにも効果があるといえます。相手の考えを理解し、自分の考えを伝える力が向上しますから、コミュニケーションアップにも効果があるといえます。ストレスに関しては諸説あるのでここで紹介しましょう。

▼読書でストレス解消、心拍数も下がる

イギリスのサセックス大学の研究チームが、どのような活動がストレスの軽減に役立つのかについて調べる実験を行いました。心拍数の低下や筋肉の緊張緩和の程度を調べ、ストレスの軽減度合いを計測したものです。

それによれば、音楽鑑賞61％、コーヒーを飲む54％、散歩をする42％、ゲームをする21％

の軽減効果を見せたなか、読書は68％と最も高い数値をあらわしました。この研究を聞いたことがある人も多いと思います。

研究主体はイギリスにある、サセックス大学の研究チームで主幹はディヴィッド・ルイス氏。

日本の文部科学省でも、ストレスを解消する効果があるとして読書の効能をうたっています。研究に賛否はつきものですが、私もストレス軽減に効果がある説に肯定的な立場です。関心のある方は調べてみてください。

ポイント

世界中で読書の効能が明らかにされています。国語力や想像力が高まりストレス解消にも効果があります。詳しくは文部科学省のサイトやイギリスの研究論文を参照してください。

第2章

GIGA時代に求められる読み方

1 本はつまらなければ読まなくていい

「買った本がつまらなかったらどうすればいいですか？」「本は最初から最後まで全部読むべきでしょうか？」このような質問をよく受けます。私の答えはシンプルです。つまらなかったら、途中で読むのをやめてください。

▼第1章でわかる、本の価値と相性

読書は楽しまなければ意味がありません。そのため、自分に合わない本に時間を費やす必要はありません。自分が楽しめる本を見つけて読むことが大切なのです。ビジネス書や実用書の多くは、最初の章で著者が伝えたいメッセージや主張を明確にします。これをキラーコンテンツと呼びます。

第1章を読めば、その本の品質や内容がだいたいわかります。もし第1章を読んでつまらないと感じたら、それはあなたにとって、その本が魅力的ではないということです。読み続けても感動や興奮は得られないでしょう。無理に読む必要はありません。

また、ビジネス書や実用書の場合、**「はじめに」「おわりに」「第1章」を読めば、内容の7割は把握できます。「はじめに」「おわりに」「第1章」を読んだ時点で、興味や楽しみ、必要性を感じなければ、その本はあなたにとって価値がないといえます。**

最後まで読むことは時間のロスです。

私は、「はじめに」「おわりに」「第1章」を読んで興味が湧けば、「第2章」「最終章」、さらにセクションに気になる箇所があれば目を通すようにしています。

現在、私はコラムニストとして活動しており、多くのニュースサイトに記事を寄稿しています。ニュースサイトで執筆するようになったのは2010年頃です。当時は某IT系企業の役員として働いていましたが、社内で起きた事件に巻き込まれて辞任することになりました。会社から出資したお金も返ってこず、ストックオプションも無価値になりました。

そんなときに、出版社から執筆依頼がありました。じつはその前年度にも別の出版社からオファーを受けていたのですが、仕事と両立するのが大変だと思って断っていたのです。

しかし、そのときは「チャンスだ」と思い、引き受けました。ほぼ同時期にニュースサイトからも連載の打診がありました。これが私のニュースサイトで執筆するきっかけです。

▼要点を押さえてさっと読み、さっと書く

最初は、一般的なコラム記事や話題性のあるルポ記事を書いていました。アクセスはよかったのですが、ある日、出版社の編集者から、書籍紹介を依頼されました。そのときに、私が紹介した本はＹａｈｏｏ！ニュースでアクセス1位になり、Ａｍａｚｏｎでも売り切れになり、すぐに重版が決まりました。

いまでは、書評サイトは数多く存在しますが、当時、Ｙａｈｏｏ！ニュースなど大手ポータルに書籍紹介記事を掲載している人はいませんでした。定期的に書籍紹介をしていたのは、日本では私だけだったと思います（当時、ニュースサイトの編集者に確認してもらったので間違いはないと思います）。

その後、評判が広まり、毎日何冊も献本が送られてきました。しかし、書籍紹介は私の本業ではありません。時間をかけずに、1冊を10分で読み、30分で記事を書いて、10分で記事の投稿作業を終わらすように努めました。いまでも、1冊の記事にかける時間は数十分〜1時間以内に決めています。

ネットニュースのコラムニストの評価基準はＰＶです。どんなに素晴らしい記事を書いてもＰＶが低ければ意味がありません。

最初の頃は、一生懸命に何時間もかけて1本の記事を仕上げたこともありました。そのよ

うなときほどPVが伸びず落胆したことがありました。そのため、どの記事も時間を決めて簡潔に書くようにしました。細かく読むことはしません。要点をつかんでさっと読むことが必要だったのです。

ポイント

本は読みはじめて面白くなければやめてしまってもかまいません。最初に、「はじめに」「おわりに」「第1章」を読んで心に刺さるものがあるか確認してみてください。

2 読書の目的によって変わる学びの効果

▼アウトプットで読書の効果は倍増

これまでもアウトプットの重要性は解説しましたが、あらためて掘り下げてみましょう。

最初に、アウトプットしないと読書の意味がない理由について考えてみます。

●読書はインプットの作業であること

読書はインプットの作業です。より、理解を深めて記憶に定着させるためには、アウトプットしなければなりません。インプットしただけの情報は、そのまますぐに忘れてしまうでしょう。

アウトプットの際には、入手した情報を自らの言葉で解釈して整理し、再構成を行います。これらの作業をすることで記憶に定着しやすくなるのです。

具体的なアウトプット方法には、感想文を書くことや、記事にする、SNSで紹介する、誰かに話すなど、多くの方法があります。

書いたものをブログやSNSで紹介するとより効果が高まります。多くの人の目にとまるため、執筆に対する真剣度が増すからです。多くの人の目にとまれば、肯定、批判など多くの意見が寄せられます。

●アウトプットは絶対に必要か

もちろん、アウトプットをしなくても読書をすることに意味があると思います。新たな視点や発想を得るために役立つからです。しかし、アウトプットをすることで、読書の効果を最大限に引き出すことができます。

なぜならば、読書は、自分の世界を広げる行為だからです。アウトプットすることで、読んだ内容を自分の言葉で伝え、他者と共有することができます。また、アウトプットによって、新たな視点やイマジネーションがふくらみます。

▼自分と他者とのやりとりが価値を生む

「アウトプットしないと意味がないという考え方は根本的に間違っている」と主張する人がいます。読書は、インプットとアウトプットの双方向的な行為であると考えるからでしょう。読書をすることで、読み手は自分の知識や経験を本と対話しながら、新たな価値を創造します。

もちろん「アウトプットしないと読書の意味がないかどうか」は、読書の目的や捉え方によって異なります。しかし、アウトプットをすることで、読書の効果をより高めることができることも確かです。私は読書の効果を信じて疑わないひとりですがあなたはどのように考えますか？

ポイント

アウトプットの方法は、ブログやSNSで紹介することをおすすめします。その記事を批判されることもあるかもしれませんが、必要以上に恐れることは好ましくありません。

3 読んだ本を言葉にすると理解が深まる

本をたくさん読むことで、インプット量は圧倒的に増えます。それと同時に、意識的にアウトプットすることをおすすめします。読んだ本をアウトプットできるようになることで、あなたは、飛躍的な自己成長を実感できるようになると思います。

▼感想や意見を発信し学びを定着させる

本を読むだけでも有益ですが、それには限界があります。たとえば、本を100冊読んでも、それらをアウトプットしなければ、自分のものにならないでしょう。また、現実の世界で何か変化が起こるとも限りません。アウトプットしないと、本から得た知識や情報は忘れてしまい、活かすことができません。アウトプットには、以下のようなメリットがあります。

●理解の確認

アウトプットすることで、自分が本から何を学んだかを確認できます。読むだけでは表面的な理解に留まることもありますが、自分の言葉でまとめたり説明したりすることで、深い理解に至ることができます。

また、アウトプットする過程で新しい洞察やアイデアが生まれることもあります。さらに、周囲の人と情報を共有したり議論したりすることで、より深い学びや刺激を得ることができます。

●情報の記憶

アウトプットすることで、自分が読んだ情報を記憶しやすくなります。人間の脳は、自分で表現したり行動した情報を優先的に定着させます。そのため、アウトプットすることで忘れにくくなるだけでなく、その知識を現実の課題や仕事に応用する能力も高まります。

また、アウトプットすることで自分の成長や学習の記録をつくることができます。書評やエッセイ、プレゼンテーションやブログ記事などの形でアウトプットすることで、自分の学びと成長を振り返ることができます。

▼予測と関連付けと拾い読み

では、ここで本を理解するための方法を紹介します。

最初は、本の内容を予測しながら読んでみましょう。そうすることで、読むときの意識が引き締まり、理解度が向上します。目次や「はじめに」、タイトルやセクションを見れば予測ができると思います。予測したうえで、著者が伝えたい主張や重要なポイントを意識します。

次に、読んだ内容を自分の知識や経験と関連付けて考えてみます。たとえば、自分の知っている出来事と照らし合わせてみるとよいでしょう。人間関係の本であれば、「あっ、あのときはこうすればよかった」「友人が怒った理由はこれだったんだ」など検証することで学びが深くなります。さらに、これらの情報をブログやＳＮＳで発信したりすることで、より深く理解することができます。

読み方は、文章の行間を斜めに目で追いながら、重要な部分だけを拾い読みするように心がけてみましょう。

これは、本書の重要なテーマ「3分の1リーディング」につながります。拾い読みは、短時間で本の内容を把握するために有効な方法です。短時間で本の内容を把握できるようになるため、読書量が増え、効率アップが実現できます。

デメリットとして、細かい部分の理解が不足する可能性がありますが、読書は試験ではありません。自分本位に大まかな内容を理解すれば問題ないはずです。

ポイント

本を読むだけではなく、アウトプットを重ねていくことで、理解や記憶、応用力が深まっていきます。SNSを効果的に使いながらアウトプットで成長する読書術を身につけましょう。

4 さあ、スマホを置いて本を手に取れ

あなたは、読書の時間を増やしたいと思っています。「読書をしたい。でも、どうしても時間がとれない」。そのような人に朗報です。

▼読書の時間は自分でつくる

読書をする時間は、簡単に増やすことができます。たとえば、スマートフォンの利用時間について次のようなデータがあります。

NHK放送文化研究所が実施した調査によると、「スマートフォン・携帯電話」の利用時間は、世代全体で1日あたり平均1時間18分という結果が明らかになっています。20代は男女とも3時間半近く使っています。20代以上では、年層が上がるほど、利用時間が短くなっていきますが。男女30代で2時間以上、男女50代でも1時間以上利用しています。

全体の1時間18分のうち、自宅外27分に対し、自宅内51分と、自宅内での利用時間のほうが長いという結果も明らかになりました。20代は、男女それぞれ、自宅外の利用が1時間13

分。これに対し自宅内は、男性2時間13分、女性2時間15分と、いずれも自宅外での利用を1時間上回っています。よく使っているのは家のなかということがわかりました。

これらの結果から、若年層だけでなく、シニア層もスマホを日頃から活用していることがわかります。

現代において、スマートフォンはコミュニケーションや情報収集を効率化しただけでなく、エンターテインメントを提供してくれる最も身近なツールとして、家のなかで楽しんだり、くつろいだりする時間に欠かせないものになっています。

そのスマホを1日のなかで一定時間触れない時間を決めたり、目の見えない場所に置いておけば、本を読む時間はつくれるのです。

●活字離れなんていわせない

いまは、活字離れの傾向が著しいと指摘する識者がいます。その根拠に、多くの調査結果では「本を読まなくなったこと」「出版不況」を活字離れの理由にしていますが、このような解釈には違和感を覚えます。

スマホで音楽を聴くときは別として、ゲームやマンガ、雑誌などは活字を多く含みます。文字を読まなくなったわけではありません。つまり、活字離れをしたわけではなく、活字媒体の利用状況が変化していると考えたほうがわかりやすいのでしょう。

活字媒体の利用状況は、時代とともに変化しています。かつては、書籍や新聞が情報収集や娯楽の中心的な役割を果たしていましたが、近年ではインターネットやスマートフォンの普及により、動画や音声などの非活字媒体の利用が拡大しています。

そのため、活字媒体の利用時間が減少しているように見えるかもしれませんが、必ずしも「活字離れ」が進んでいるとは限りません。

また、活字媒体は、情報を正確かつ客観的に伝えることができ、思考力を養うことができます。学校や仕事の現場で活字が使われなくなることは考えられません。**活字媒体の利用状況は変化しているものの、活字媒体の価値は変わらず、人々の生活に欠かせない存在としてあり続けているのです。**

いまから30年前、スマホはおろか、ケータイすら普及していない時代がありました。ＰＣすら普及していない時代でも、生活に不自由さは感じませんでした。私たちは、これらのツールが普及するとともに、時間を割り当てるようになりましたが、これからは、読書の時間を割り当てればいいのです。活字離れなどは発生していません。

ポイント

スマホ時間を減らすことで、本を読む時間に充てることができます。活字媒体は非活字媒体と比べて情報の正確さや思考力の向上に優れており、時代に関係なく価値があります。

5 読書習慣のつくり方教えます

それでは、読書習慣をつけるためにはどうすればいいのか？　取り組みやすい方法として次の3つをお教えします。

▼読書習慣のコツは3つ

①読書日記・読書メモを作成する

私のように、記事にして発信することは難易度が高いですが、読書日記や読書メモならつけられるはずです。気になる本、これから読みたい本、読んだ感想、あらすじ。そのようなものを書くための「読書日記」があると、読書効率がアップします。

最初はメモ書き程度でもかまいません。ほかの人が見るわけではありませんから、しっかり書く必要もありません。自分の読書意欲を高めるワザとしておすすめします。

②手軽な文庫本からはじめる

読書が苦手な人から聞いた話です。テレビやニュースで有名になっていたベストセラーを買ってはみたものの、数百ページもあり、ひるんでしまったというのです。

このような分厚い本を読むことは手軽ではありません。まずは読書の癖をつけるためにも、携帯しやすい本が理想です。できれば文庫本など小さいサイズのものがおすすめです。

③自分の推しを見つける

この3つ目が最も重要です。私の例をひも解いてお伝えします。

私は枕元に常に数冊の本を置き、寝る前の儀式として読みたい本を読むようにしています。

私は小学生のときに、はじめてライトノベルを読みました。眉村卓さんの『ねじれた町』

という文庫ですが、この本が大好きでいまでも枕元に置いています。高度経済成長時代に書かれた作品で、古きものから未来に向かう際のメッセージとして記憶に残りました。

精神科医として活躍する樺沢紫苑さんの作品もお気に入りです。いまやベストセラー作家として不動の地位を築いていますが、私が好きな作品は『脳を最適化すれば能力は2倍になる』（文響社）です。

いまは、脳科学の本が目白押しです。この本は、仕事のやる気、集中力、学習力、記憶力…そうした人間の能力について脳のどの部分がどのように関与しているかを解説した作品です。多くの人が脳科学に関心を抱くきっかけになった本だと考えています。

浄土真宗本願寺派僧侶、保護司、日本空手道「昇空館」館長も務める、向谷匡史さんの作品も好みです。執筆ジャンルは仏教から人間関係術、さらにヤクザの心理術まで多岐にわたり、人間社会を鋭くとらえた観察眼と切れ味のよい語り口に定評があります。

最後に、ベストセラー作家の本田健さん。『ユダヤ人大富豪の教え』（大和書房）が代表作ですが、私が印象に残っている本は『お金のIQ　お金のEQ』（ゴマブックス）です。

2002年の作品ですからかなり初期の作品です。当時、私はEQ理論を提唱する会社の事業責任者として2000社以上の企業に診断やサービスを導入していました。EQには学術的な面が強いのですが、本田さんが見事に独自解釈でモノにしていたのを目にし、「ここまでかみ砕かないと伝わらないんだ」と驚いたことを覚えています。

ポイント

読書習慣をつけるには次の3つが効果的です。①読書日記をつける。②手軽な文庫本から読みはじめる。③自分の推しを見つける。きっと読書の楽しさや価値を感じることができるでしょう。

6 読書のルーティンで集中力アップ

じつは、読書前のルーティンでリラックスして本が読めることができます。あなたは、ルーティン、といわれて何が思い浮かびますか？　たとえるなら、アスリートのルーティンです。

ルーティンとはアスリートが、集中力を高めるための儀式みたいなもので大きく分けると「ウォーミングアップ＆クールダウン」「食事・栄養」「メンタルケア」の3種類があります。ではルーティンの効果は何でしょうか？　まず体がリラックスし、集中力が高まります。そしてルーティンをすることで、本番でもいつも通りのパフォーマンスを発揮しやすくなる効果も期待できます。

アスリートにとって、パフォーマンスを向上させ、ケガを防止し、モチベーションを維持するために重要な所作といえるルーティンを、読書にも取り入れるのです。

▼ルーティンを楽しみ本を読む

じつは私も読書をするときに集中力を高めるためのルーティンがあります。私にとって最もリラックスして集中できる場所は、寝室のベッドです。

上半身をリクライニングさせ、ペンを数本ベッドサイドに置いたら、読書用の灯りをともします。お気に入りのアロマを焚いたら準備完了。そこから、一気に読書の世界に入り込みます。

読書で大切なのは、リラックスしている状態です。ベッドで本を読むと眠くなるという人もいますが、眠い欲求を我慢しても読書の効果は上がりません。眠くなったら、睡眠を優先してください。

また、いつまでも同じ作業に集中することには限界があります。定期的な休憩をとることで、読み続けるモチベーションを維持することできます。

少し疲れたな、飽きたなと思ったら、5分程度、休憩を挟むようにして、お茶を飲んだり、簡単なストレッチをして気分転換しましょう。


有名作家が「旅館に缶詰になって小説を書き上げる」などという話を聞いたことがあると思います。ではなぜ彼らは旅館にこもるのでしょうか。

「自分のオフィスで書いたほうが効率的だ」と考える人もいると思います。しかし、旅館なら、ほかからの干渉をすべてシャットアウトできるメリットがあります。雑念を排除し、集中力を高めて、一気に執筆を仕上げることができます。

作家の村上春樹さんは、著書のなかで海外のカフェで書くことが多いことを明かしています。誰からも声をかけられず、街の風景にとけこみながら、集中して小説を書けるようです。

集中する作業が多い人には、気分を落ち着かせられる、お気に入りの場所があるものです。

私は、新宿のホテルを利用します。高層階から見える風景は気分を落ち着かせてくれます。

非日常の空間にいながら優雅に執筆ができて、気分転換の娯楽（ルームシアター）が常備され、集中力も高まる場所です。

平日ならラグジュアリーホテルでも宿泊費は1万円台（1泊）です。大切なことは自分のとっておきの空間であることです。

私の場合は、ホテルという場所に入ることで、集中するスイッチを入れているのです。ルーティンに正解はありません。あなたなりのルーティンを探してみてください。

ポイント

読書のルーティンで集中力アップ。アスリートの方法を参考に、自分に合った場所や時間を見つけましょう。集中力を高め、パフォーマンスを発揮しやすくなる効果も期待できます。

7 非日常的な空間で気分転換と集中力アップ

私は、ホテルという場所に入ることで、集中するスイッチを入れていることはお話ししました。なかには読書をするためにホテルに泊まることは、お金もかかりますし、難しいという方もいるかもしれません。

▼気分が変わると効率がアップする

たしかに、ホテルに泊まって読書をすると時間もお金もかかります。頻繁には難しいと考えるのは当然だと思います。であるならば、カフェに行くことならできるはずです。ホテルに代わるような、集中できるお気に入りの場所を見つければいいのです。

私はかつてコンサルティング会社に勤務していましたが、その仕事は超多忙でした。つねに監視されているような状況で、いつもストレスフルの状態です。気分転換をするには、数時間、誰とも会わない、電話に出なくてもいい時間が必要でした。

そのときは、銀座・伊東屋の横にあるチェーン店のカフェを利用していました。座席数が多いので座れないことがないのも気持ちが楽でしたし、地下にあるので当時は電波が届かないという点でも都合がよい場所でした。ほかには、体調が芳しくないときなどに仮眠室を利用することもありました。

どうしても集中したいときや、ストレスフルな状況のときには、集中できる環境か、いったんリセットする場所に身を置けばいいのです。いまなら、マンガ喫茶なども気分転換にいい場所だと思います。

自宅以外の場所で仕事や勉強をしたりすると、いつもとは違う環境で気分転換ができるので、集中力がアップすることがあります。

私にとってのホテルは、自宅とは違った非日常的な空間なので、仕事や勉強のパフォーマンスを高めるのに役立ちます。しかし、ホテルで仕事がはかどるかどうかは、個人の性格や環境によっても異なります。それぞれにとって最適な作業環境を見つけることが大切です。

ポイント

非日常的で快適な空間には、集中力や創造性を高める効果があります。個人の性格や環境に合った作業環境を見つけるようにしましょう。

8 集中力と効率を高める読書術とは

「火事場の馬鹿力」という言葉を聞いたことはありませんか。たとえば、夏休みの宿題を、最後の1日で片づけた経験は多くの人があると思います。

▼制限時間で集中力と効率を上げる

人間は切迫した状況に置かれると、想像できないような力を無意識に発揮することがあります。1日で終わるのなら、最初の1日で全部やってしまえばいいと思いますが、それはできません。限界状況に追い込まれなければ力を発揮できないからです。

読書のパフォーマンスを高めるにはどうしたらいいのでしょうか。これは、自らのタイムスケジュールに制限時間を設けることです。

私は、本を読み記事化するまでに1時間以内という目安をつくっています。そのため、毎回、時計を見ながら作業を行っています。

具体的に期限を設定することで集中力が高まります。

集中力が高まれば効率がアップすることは間違いありません。「人は追い込まれることで脳内でノルアドレナリンが分泌される」「ノルアドレナリンは、集中力を高め、学習能力を高め、脳を研ぎ澄ます」ことはよく知られています。

脳科学の分野ではすでに検証されている考え方で、結果として良質なパフォーマンスを発揮できます。

ウォルター・ブラッドフォード・キャノン（ハーバード大学医学部教授）は論文『戦うか逃げるか』のなかでノルアドレナリンの役割について詳しく解説しています。

脳科学の礎になる考え方なので、興味のある方は手に取ってみてください。

▼キッチンタイマーで本を読む

私がおすすめしたいのが、キッチンタイマーの活用です。キッチンタイマー＝ストップウォッチとして理解してください。

ストップウォッチ機能が付いていればなんでもかまいませんが、時計やスマホのストップウォッチではなく、スーパーで売っているようなキッチンタイマーがいいでしょう。

数字部分が大きく、軽くて見やすいものがベターです。

なぜキッチンタイマーなのかというと、スマホや時計はキッチンタイマーのように時間を計ることを目的に設計されていません。また、視線が移動するため気が散りますが、キッチンタイマーを使うことで分数がよりリアルに伝わってきます。

1冊の本を読む、1本の記事を書くのに、「今日は○分かかった」「この本は分厚いのにかなり短縮して読むことができた」と可視化できたほうが、学びの効果がはるかに大きいのです。

私は社会人になりたての頃から、キッチンタイマーを肌身離さず持っています。政治家の秘書として時間管理をしたり、講演時間の進捗を確認するにはキッチンタイマーが便利だからです。

政治家は分単位で仕事をしているため、車の移動の場合は「この信号を過ぎたから国会まではあと10分かな」「この通りが渋滞している場合、どんなに裏道を通っても羽田空港までは40分かかるな」などとシミュレーションしながら時間管理をしたものです。

いまでも、講演の際にはPCで時間表示する隣に、キッチンタイマーを置いています。講演中に時計をチェックするのが嫌という理由もありますが、私にとってキッチンタイマーの使用は儀式になっています。

ポイント

制限時間を設けることで脳内にノルアドレナリンが分泌され集中力が高まります。さらに、キッチンタイマーで時間管理や可視化すれば、仕事や勉強のパフォーマンスが向上します。

第3章

本の3分の1だけで十分！
読書の新常識

1 本の要点は、3分の1にあるという事実

私は、1年に1000冊の本を読み、400本の記事を書いています。いまはペースが落ちましたが、多い年では年間1000本近い記事を掲載していました。

▼知識の引き出しを増やそう

読んだ本の内容を記事としてアウトプットすると、多くの読者から反響を得ることができます。そして、反響があることでいろいろ学ぶことができます。

たとえば、アクセス数の多さから「こういうタイトルは引きがいいな」と気づいたり、「この文章の流れはわかりやすいんだな」ということがコメント欄を読むことでわかります。

本数が増えれば知の蓄積が増え、蓄積が増えれば引き出しがドンドン増えていきます。もちろん最初は、私のように、1000冊の本を読み、400本の記事を書く、ということは難しいかもしれません。

ですから、**読書を「楽しむ」ことを優先してください**。その大前提を踏まえたうえで、本

を速く読み、速くアウトプットすることができるようになったら、もっと多くの本を読むことができて、楽しむ時間も増えます。

これから紹介する方法は、私が小学校2年生からやっている読み方で、1万冊の本を紹介するなかで磨いてきました。この方法を習得すれば、あなたも本をたくさん読み、たくさんアウトプットすることが可能になるでしょう。

私の読書術は、読書（インプット）と、出力（アウトプット）の2つで成り立っています。最初に読書（インプット）について解説します。

この方法は、**「3分の1リーディング」と名付けています。ポイントは、ページの3分の1しか読まない点です。**

ほとんどの本は、ページの上部分の3分の1を読むだけでも、ある程度の内容を理解することができます。私が本を読むときは、ページの上部分の3分の1程度を読んで、そのまま左に読み進めます。

試しに、この本の下半分のページを隠してみてください。上半分を読むだけで、本の内容をある程度は理解できるはずです。もし上半分を読んでも理解することが難しいようなら、隠す箇所を3分の1にしてみてください。先ほどに比べて、かなりの内容を理解できるはずです。

これまでに読んできた文章のパターンを脳が覚えていて、内容を補足しているのです。

▼視野の法則を活用すれば速く読める

人間の視野は面白いもので、水平方向では、耳側に約90～100度、鼻側に約60度、上下方向では、上側に約60度、下側に約70度あるといわれています。

両目がほぼ平面の顔面上にあり、左右の視野の重なりが大きいので両目で同時に見える範囲が約120度といわれています。

つまり、3分の1しか読まなかったとしても、50%程度は視野に入ってくると考えることができます。

以前、読書術の本を上梓した際に「エビデンスの情報が欲しい」という声をいただきました。そのため、本書では可能な限りエビデンスの情報についても紹介します。私なりに検証したところ次のような結果が明らかになりました。

人間の視野は中心視野と周辺視野に分けられ、それぞれに異なる特徴があります。

中心視野では詳細な情報を処理し、周辺視野では大まかな情報を処理するということを検証した研究結果です。

人の視野は上下に分けられ、それぞれに異なる知覚的特性がある研究もあります。上視野では空間的な情報を処理しやすく、下視野では物体的な情報を処理しやすいのです。人間の視野は、視覚的な情報を受け取るだけでなく、それを解釈するための役割を果たしています。注釈で紹介した文献もご参照ください。

以上を踏まえれば、私の本の読み方は妥当だといえるわけです。

ポイント

本をたくさん読み、たくさんアウトプットするには、ページの3分の1だけ読む「3分の1リーディング」が得策です。人間の視野の特徴を利用した方法で、研究結果も豊富です。

2 読書は音読より黙読でスピードアップを

人は文章を読む際に、頭のなかで音声化してしまう癖があります。これは、小学校、中学校の国語の授業で、音読を推奨しているからでしょう。

▼音読は時間のムダ、黙読が効率的

文章を頭のなかで音声化してしまうと、読むスピードは確実に落ちます。人が聞き取りやすい文字数は1分間に300〜350文字といわれています。1分間に300〜350文字を読み上げるスピードは、テレビ局のアナウンサーの平均的なもので、これが400文字以上だと早口だと思われます。

音読（音声で読むこと）をする際に、読む速度が遅くなる主な理由は、言葉を発音する際の運動プロセスや、適切な抑揚とリズムを踏まえて努力が読み手にとって必要になるためです。

では、理解度はどうでしょうか。理解度テストでは正答率に読み方の差はなく、読み時間は黙読群のほうが短かったのです。

記憶テストの正答率は黙読群のほうが高く、読み時間は黙読群のほうが長いという結果になりました。この結果からも黙読が有意であることが理解できます。

多くの人は、読書の際に、文字を見て、音声化することで理解すると思います。しかし、読むスピードが速い人は、音声化をせず、文字を見て理解します。

音読をやめて、黙読にシフトすることが読書スピードを上げるためのひとつの方法です。

音読と黙読の違いは、音韻変換（視覚的に捉えた文字を音に変える）の有無や注意資源（人が何かに意識を向けるときに脳が使うエネルギー）の利用方法によって生じます。

音読は音韻変換を必要とするため、黙読よりも読み時間が長くなります。

また、音読は個々の単語に注意を配分するため、逐語的な記憶には有効ですが、文の内容を体系化する記憶には不利です。

一方、黙読は音韻変換をしない場合もあるため、音読よりも読み時間が短くなります。また、黙読は文の内容を体系化する記憶には有利ですが、逐語的な記憶には不利です。

このように、音読と黙読はそれぞれに長所と短所があり、読みの目的や文の特徴に応じて使い分けることが重要です。

標準的な単行本の1ページの文字数を、1行40文字×15行＝600文字としましょう。これを1分間に300文字のスピードで600文字を音読すると約2分かかる勘定になります。3倍速にしても40秒。それ以上の速さで読み上げたら、速すぎて聞き取ることは困難です。

「3分の1リーディング」であれば、1ページを数秒で読み終えます。精読する必要はなく、書かれていることの半分も理解できれば十分という考えです。

▼最初は新聞で試してみよう

最初は新聞で感覚をつかむのがいいと思います。新聞の1行は11文字〜13文字程度なので、さっとひと目で読むには便利な教材です。種類はなんでもかまわないので、ちょっとしたトレーニングのつもりではじめてみてください。

「3分の1リーディング」は「タイポグリセミア現象」に近いものです。次項で「タイポグリセミア現象」などの、関連する理論について解説したいと思います。

ポイント

読むスピードと理解度に関しては、音読より黙読が有利といわれています。音読みを否定するわけではありませんが、場面に応じて使い分けることが重要です。

3 本は3分の1しか読まなくていい

あなたは、単語のブロックだけで本の内容は理解できることをご存じでしょうか。ここでは「タイポグリセミア現象」について紹介します。

▼「タイポグリセミア現象」研究の位置づけ

ビジネス書や実用書など、分野は限られますが、「タイポグリセミア現象（Typoglycemia）」を利用して、本の上部分の3分の1を読むことで、6～7割程度の内容をつかむことが可能です。それでは、「タイポグリセミア現象」とは、どのようなものなのでしょうか？

これは、**文章中に含まれる単語の最初と最後の文字さえ正しければ、その文章を読むことが可能になるという現象**です。

アカデミックに広く知れ渡っている情報として、「タイポグリセミア現象」は英国のケンブリッジ大学が研究をしているという説が根強くあります。しかし、同大学はそのような研究発表はしていません。つまりフェイク情報です。本書を読んでいる方は、この認識を新たにしてください。

「タイポグリセミア現象」について解説している研究をいくつか紹介します。

1999年、カリフォルニア大学ロサンゼルス校にて、教授のデヴィッド・R・ペローと研究員のコロシュ・サベリによって『逆になった話し言葉の認知と修復』という論文が公開されました。学術誌ネイチャー誌にも掲載され、人の言葉の処理能力の高さについて「あらゆる機械よりも優れている」ことを解説しています。

単語の文字の順序ではなく、大切なことは最初と最後の文字が正しい位置にあることで、ほかの文字が並び替えられていても読むことができるとしています。これは、人が文章を読む際に、一文字一文字を読んでいるのではなく、単語全体を大きな集合体としてとらえていることを意味しています。

近年では、2023年に産業応用工学会で発表された『タイポグリセミアを用いたMulti-model CAPTCHA の提案と評価』という論文があります。

この論文では、誤字の種類や文章の長さなどの要因が、CAPTCHA（Webページに設置された入力フォームで人間による操作・入力であることを確かめるためのテスト）の難易度やユーザビリティにどのように影響するかを分析し、有効性と課題を検証しています。


「タイポグリセミア現象」はいまだ不確実なものとして考えられています。現状では仮説として研究者が取り組んでいますが、「なぜ読めるのか」「なぜ理解できるのか」という点について、言語学では解明されたとはいい切れない状況です。しかし、いくつかの研究結果を確認すれば、一定の検証が行われていることが理解できます。

「タイポグリセミア現象（Typoglycemia）」とは学術的な名称ではなく、「誤植（Typo）」と「低血糖（Hypoglycemia）」を組み合わせた造語にすぎません。

1976年、ノッティンガム大学では『単語認識における、文字位置の重要性』という論文を発表しています。論文では「単語の文字を並び替えたとしても、その文章を理解できる人物が持つ読解力には、ほとんど影響を及ぼすことはない」としています。

▼「タイポグリセミア現象」を利用した広告

2018年3月、富山県内にある和菓子店「中尾清月堂」の広告のコピーが、よく見ると文字の順番が入れ替わっているのに、問題なく読めてしまうことから、SNS上で話題になりました。「これはお見事」「秀逸な広告で不思議」などの反応が上がりました。次のような広告です。

今回は、どら焼き「清月」を改良したことに合わせて、2018年3月18日、「北日本新聞」の折り込み冊子に広告を出しました。広告は、「みまなさに だじいな おらしせ」という書き出しではじまります。

みまなさに だじいな おらしせ。
こたのびなかおせいげどつうが
ぜたっい にばれない ように
どやらき の リニュアール を
おなこい ました。

※ちみなに この ぶんしょう の じんゅばん も ばなれい ように いかれえています。

正しい文章は次の内容です。

みなさまに大事なお知らせ。
この度　中尾清月堂が
絶対にばれないように
どら焼きのリニューアルを
行いました。

※ちなみにこの文章の順番もばれないように入れ替えています。

この広告に使われた要素が、「タイポグリセミア現象」です。人は単語をひとつの集合として視覚的に認識します。脳が単語を瞬時に予測して、補正して読むことができてしまうのです。

文章のリズムを変えないことと、単語の最初と最後の文字を正しくすることで「タイポグリセミア現象」は発生します。

このような現象を理解すれば、本はすべて読むことなく理解できることがわかると思います。では、夏目漱石の『吾輩は猫である』で実験してみましょう。

（原文）

わがはいは猫である。名前はまだ無い。

（タイポグリセミア現象）

わはがいは　ねでこある　なえまは　まなだい。

いかがでしょうか？　それっぽく見えませんか。今回は、『吾輩は猫である』をケースとして実験しましたが、ルールに則っていればすべての文章で同じ現象が発生します。

ポイント

「タイポグリセミア現象」とは、文章に誤字や脱字があっても、文意を理解できる現象です。仮説の段階ですが、この現象を利用した広告や本の読み方などの応用例も紹介されています。

4 本の2割を読めば、8割の重要な情報がわかる

あなたは、「パレートの法則」をご存じですか？　「パレートの法則」とは、イタリアの経済学者ヴィルフレド・パレートが発見した経済学に関する法則です。

▼重要な2割は残りの8割によって構成される

「顧客全体の2割が売上の8割を構成している」という法則や、「売上げの8割は2割の社員に依存する」といった傾向を明らかにした経験則のことをいいます。

業務効率や生産性の改善を検討するなら、20％に注視し、80％の使い方を改善しなければいけないと解釈することができます。日本では、2対8（ニッパチ）の法則などともいわれています。現在では、その活用範囲は広く、マーケティング、購買、品質管理など、あらゆる企業活動や経済活動に適用できるとされています。

この理論がブームになったとき、いろいろなケースに応用してみました。当時、私はベンチャー企業の営業統括役員をしていたのですが、売上高の多い順に顧客を並べてみると、売

上の大きい上位20％の顧客で全体の80％を構成していることがわかりました。

また、主力商品によって売上の80％が構成されていることもわかりました。過去の売上推移を調べると、顧客の継続率は毎年80％であること、5年後には80％の取引がなくなることがわかりました。

いたるところで、「パレートの法則」が当てはまることがわかったのです。


重要となる20％から全体の80％が生み出されているとしたら、そこに注力するのは当然のことです。そうしないと時間を有効活用することができません。


私は講演や研修の際に、書籍の販売をすることがあります。当然、売れ行きのいい本を持参したほうが、確実に本の売れ行きはアップします。

これは読書にもいえることです。本を読むとき、全体をまんべんなく読むよりも、重要な2割に時間を投入するべきなのです。そうすることで、8割近くの重要なポイントを知ることができます。

「タイポグリセミア現象」を利用した、本書の「3分の1リーディング」も、重要な2割を見つけるための方法です。速く目を動かしたり、すべての文字を写真のように頭に焼きつける方法とは違い、簡単な方法です。

重要な2割を見つけるために、本の上部分の3分の1を読んで、内容を把握する。そして、重要な2割は、楽しんで読む。このシンプルな方法を繰り返すだけで、あなたが読むことのできる本の量は確実に増えていきます。

読書に「パレートの法則」を使う場合は、割り切りが大切です。100%を目指すのではなく、60%でOKなのだと意識を変化させることです。それがうまくできれば、読書の効果はさらにアップします。

なかには「本を全部読まずに、8割を切り捨てるなんてもったいない」という人がいるでしょう。読書を楽しむために、必要であれば、もちろん切り捨てる必要はありません。時間に余裕があれば、ゆっくりじっくり好きなだけ、時間をかけて読んでもいいのです。

ポイント

「パレートの法則」とは、ある分野の全体の80%が20%の要因によって決まるという経験則です。読書にもパレートの法則を使って、重要な2割を見つけられると効果的です。

のような「思考の違い」があるからです。

ですから、女性の前では、「占いなんか当たらない」とか「バカバカしい」「時間のムダ」などという態度を見せてはいけません。「占いは楽しいね」「僕と今度やろう」などと共感しなくてはいけません。結果として当たらなくても、ポジティブな結果が好まれます。

たとえば、「若い頃は波がありますが、結果的にステキな伴侶に恵まれて、幸せな人生を送ります」とか、「停滞期を乗り越えれば、幸せな未来がやって来ます」などと言って導いてあげると、女性はうれしくなります。

うれしいことを予言することは、安心を保障することと同じです。何回か導いてあげたら、女性の依存心が高まり、書き手に好意が寄せられることが想定できます。

5 なぜ、3分の1だけで理解できるのか？

男性はおだてられるのが好き

もし、あなたが女性で、男性向けに文章を書くのなら、男性の自尊心をくすぐることが大切です。相手のことを十分に認めればいいのです。
たとえば、次のようなケースがわかりやすいでしょう。

例

【資料を見てもらいたいとき】
女性「〇〇さんは、文章うまかったですよね。この資料、見てもらっていいですか？」
男性「どれ、貸してみな。文章を定型にしておけばこんなにラクだ。ほら、簡単だろう？」
女性「ステキ！」

【車で送ってもらいたいとき】
女性「〇〇さんは、運転がうまかったですよね。近くの駅まで送ってもらっていいですか？」
男性「ん？　どれどれ住所教えて！　あー家近いから送ってやるよ」
女性「ステキ！」

この画像の文章は、私の著書『3行で人を動かす文章術』（WAVE出版）に書かれているページを抜粋したものです。伝えることに悩む人に向けて、自分の考えや気持ちを他人に正しく伝えるためのノウハウを実例とともに解説した実践的な文章術本です。

まずは画像の文章を読んでみてください。読書に慣れている方であれば、すぐに読めてしまうと思います。

▼3分の1リーディング実践編

この画像のページにいたるまでのテーマでは、男性と女性の思考の違いを解説しています。文章でもその違いがあります。ある男性が福岡出張に行ったとしましょう。それを人に伝えようとするとこのようなニュアンスになると思います。

羽田10時発の飛行機に乗って、福岡へ12時に着いた。待ち合わせまで時間があったので博多でラーメンを食べた。その後、打ち合わせをこなして福岡空港に向かう。17時の飛行機に乗り羽田に着いたのは18時半だった。そのまま帰途に着いた。

これは単なる事象の報告にすぎません。では、これが女性だと一体どのように変化するのでしょうか。感情的になることに注目してください。

乗るのは10時の飛行機です。早起きしなければならなかったけれど、久々の福岡でワクワクして目がさえちゃって眠れませんでした。博多の高級会席料理のお店で、予約していたお刺身コースを食べました。中州まで足を運び、お鍋と煮込みに舌鼓。もうお腹一杯です。明日は精進料理食べてお土産を買ってから東京に戻ります。

女性からしたら、男性の報告は、「だからどうしたの?」という感じになります。ようは、つまらないわけです。男性は論理を優先する人が多いので、そこにいたる筋道や根拠、事実などを盛り込むことが増えてくるのです。

もし男性が女性に好意を抱いている場合、会話はどのようになるでしょうか。感情的な会話は響きやすいので男性は感情的な会話をするはずです。そうでなければ自分の気持ちは相手に届かないでしょう。

のような「思考の違い」があるからです。

ですから、女性の前では、「占いなんか[redacted]ムダ」などという態度を見せてはいけませ[redacted]などと共感しなくてはいけません。結果と[redacted]好まれます。

たとえば、「若い頃は波がありますが、[redacted]人生を送ります」とか、「停滞期を乗り越[redacted]と言って導いてあげると、女性はうれしく[redacted]うれしいことを予言することは、安心を[redacted]げたら、女性の依存心が高まり、書き手に[redacted]

男性はおだてられるのが好[redacted]

もし、あなたが女性で、男性向けに文章[redacted]とが大切です。相手のことを十分に認め[redacted]

たとえば、次のようなケースがわかりや

例

【資料を見てもらいたいとき】

女性「〇〇さんは、文章うまかったで

すか？」

男性「どれ、貸してみな。文章を定型

単だろう？」

女性「ステキ！」

【車で送ってもらいたいとき】

女性「〇〇さんは、運転がうまかった

いいですか？」

男性「ん？　どれどれ住所教えて！　あ

女性「ステキ！」

ここで、次のページに進んでみましょう。先ほどの文章の半分しか判読できないように加工してあります。皆さんは読むことができますか？　ページの上部3分の1だけを読んでも、視野には50％程度が入るはずです。
ページの文章を読み終わった後に、次の問題に答えてみてください。

質問1　このページは何について書かれた内容ですか？
①男性はおだてに弱いことを説明した文章
②男性はおべっかに弱いことを説明した文章
③男性は男らしいほうがモテることを説明した文章
④いずれも当てはまらない

質問2　男性に資料を見てもらいたいときのコツは？
①男性の文章が上手なことをほめてからお願いする
②今日のネクタイはステキだとほめてからお願いする
③社内で女性にモテモテだとほめてからお願いする
④いずれも当てはまらない

質問3　車で送ってもらいたいときはどうすればいいですか？

① ステキな車であることをほめる
② 近いから送ってほしいとお願いする
③ 運転が上手なことをほめる
④ いずれも当てはまらない

質問4 男性の役職はなんですか？
① 社長
② 専務
③ 部長
④ いずれも当てはまらない

質問5 女性はどのような立場ですか？
① 取引先の派遣社員
② 自社の社員
③ 先月入社したばかりの新入社員
④ いずれも当てはまらない

それでは答え合わせをしてみましょう。答えは次の通りになります。

（正解）質問1…①　質問2…①　質問3…③　質問4…④　質問5…⑤

のような「思考の違い」があるからです。

ですから、女性の前では、「占いなんか当たらない」とか「バカバカしい」「時間のムダ」などという態度を見せてはいけません。「占いは楽しいね」「僕と今度やろう」などと共感しなくてはいけません。結果として当たらなくても、ポジティブな結果が好まれます。

たとえば、「若い頃は波がありますが、結果的にステキな伴侶に恵まれて、幸せな人生を送ります」とか、「停滞期を乗り越えれば、幸せな未来がやって来ます」などと言って導いてあげると、女性はうれしくなります。

うれしいことを予言することは、安心を保障することと同じです。何回か導いてあげたら、女性の依存心が高まり、書き手に好意が寄せられることが想定できます。

男性はおだてられるのが好き

もし、あなたが女性で、男性向けに文章を書くのなら、男性の自尊心をくすぐることが大切です。相手のことを十分に認めればいいのです。
たとえば、次のようなケースがわかりやすいでしょう。

例

【資料を見てもらいたいとき】

女性「○○さんは、文章うまかったですよね。この資料、見てもらっていいですか？」

男性「どれ、貸してみな。文章を定型にしておけばこんなにラクだ。ほら、簡単だろう？」

女性「ステキ！」

【車で送ってもらいたいとき】

女性「○○さんは、運転がうまかったですよね。近くの駅まで送ってもらっていいですか？」

男性「ん？　どれどれ住所教えて！　あー家近いから送ってやるよ」

女性「ステキ！」

【ケース2】

では【ケース2】を読んでみましょう。ページの上部3分の1を読んでも視界には50％程度が入るため、半分を判読できるようにしています。今回はモザイクがかかったページを先に読んでもらいます。

のようなものがあります。

――『非常識な成功法則 ――お金と自由をも

――『嫌われる勇気 ―自己啓発の源流「ア

2冊とも大ヒットした作品です。私は2冊

トルに強いインパクトあり書店では異彩を放

また、各章の小見出しなどディテールまで

対句が成立するには、次の3つの要素を備

1 文章の長さが等しく同等であること

2 使用されている言葉の品詞が同じであ

3 意味が対になっているものが2つ以上

国破れて山河在り

（都の長安は破壊されたが、山や河はも[redacted]

城春にして草木深し

（城壁の中にも春は訪れ、草木が生い茂[redacted]

時に感じては花にも涙を濺《そそ》ぎ

（時勢に胸は騒ぎ、花を見ても涙が流れ[redacted]

別れを恨んでは鳥にも心を驚かす

（家族との別れは恨めしく、鳥の声にも[redacted]

烽火三月《ほうかさんげつ》に連なり

（戦いは3カ月も続いた）

家書万金《かしょばんきん》に抵《あた》る

読み終わりましたか？　それでは、文章をどの程度理解したか検証をしてみましょう。

このページでは対句について解説しています。これは、中国文学の修辞的技巧のひとつで、2つの句の対応する文字どうしが同一の品詞に属するように文をつくることをいいます。

それでは、次の質問に答えてください。

質問1　文章の□に入る文字はなんですか？　対句が成立するには次の3つの要素を備えていなければいけません。

①　文章の□が等しく同等であること
②　使用されている□の品詞が同じであること
③　意味が□になっているものが2つ以上あること

質問2　文章の□に入る文字はなんですか？

①　国破れて□在り
②　城春にして□深し
③　時に感じては□にも涙をそそぎ

今回は簡単でしたか？　画像にもモザイクをいれてもほとんどの文章が読めていると思った人もいるでしょう。また、ページの上部に文字が多いことから読めて当然と感じた方もいるでしょう。

(正解)

質問1の1…長さ　2…言葉　3…対

質問2の1…山河　2の正解…草木　3の正解…花

ではモザイクのかかっていないページも確認してみましょう。

のようなものがあります。

『非常識な成功法則 ——お金と自由をもたらす8つの習慣』(フォレスト出版)
『嫌われる勇気 —自己啓発の源流「アドラー」の教え』(ダイヤモンド社)

2冊とも大ヒットした作品です。私は2冊とも発売と同時に購入しましたが、タイトルに強いインパクトあり書店では異彩を放っていました。

また、各章の小見出しなどディテールまで工夫が凝らされていました。

対句が成立するには、次の3つの要素を備えていなければいけません。

1 文章の長さが等しく同等であること
2 使用されている言葉の品詞が同じであること
3 意味が対になっているものが2つ以上あること

国破れて山河在り
(都の長安は破壊されたが、山や河はもとのままである)

城春にして草木深し
（城壁の中にも春は訪れ、草木が生い茂っている）
時に感じては花にも涙を濺《そそ》ぎ
（時勢に胸は騒ぎ、花を見ても涙が流れる）
別れを恨んでは鳥にも心を驚かす
（家族との別れは恨めしく、鳥の声にも心が揺れ動く）
烽火《ほうか》三月《さんげつ》に連なり
（戦いは3カ月も続いた）
家書万金《かしょばんきん》に抵《あた》る

▼ページの上半分で理解できる理由

最初に主語と述語の関係について解説します。通常は、主語の近くに述語を置きます。それは、文章を読みやすくするためです。

主語と述語は、文章の主な内容を表すもので、それらが離れてしまうと、読者は文章の意

味をつかみにくくなります。また、主語と述語の間に余計な情報が入ると、文章の流れが途切れてしまいます。

そのため、主語と述語は近づけて、文章の結論を早く伝えることが大切です。これは、ビジネス文章や学術文章など、正確でわかりやすい文章を書くための基本的なルールです。

次の文章を読んでみてください。どのように感じましたか。

コラムニストの尾藤克之氏は、近年、多くのニュースサイトが立ち上がったものの、PVは年々減少傾向であり危機的状況で、それにも関わらずネットニュースが増加傾向にあることをムダだと指摘している。

この文章には「尾藤克之」「ニュースサイト」「PV」「ネットニュース」と主語が4つも出てきます。また、主語と述語が離れているため読みにくくなっています。「尾藤克之」の述語は最後の「指摘している」になります。

「尾藤克之」の述語を探しながら読み進めても、いくつかの主語に遭遇し、最後まで読まないと全体の主旨がわかりません。これでは読者がとても疲れてしまいます。また、「ニュースサイト」につながる述語が「立ち上がったものの」「危機的状況」の2つあります。「年々減少傾向」という表現がよりわかりにくくしています。これらを踏まえて書き直すと次のようになります。

コラムニストの尾藤克之氏は次のように指摘している。近年多くのニュースサイトが立ち上がったものの、PVは年々減少傾向であり危機的状況になっていること。それにも関わらずネットニュースが増加傾向にあることをムダだと指摘している。

商業出版（本書のように印税を支払う形式の出版）では出版社の編集者が担当につきます。編集者は文章のプロですから、わかりにくい文章が作成されることはありません。上半分だけで理解できることの理由のひとつがここにあります。それは、上半分に主語と述語が書かれているからです。

主語と述語があれば文章の意味が伝わり、主語と述語がその文章の持つ核になります。主語は文の主体を示し、述語は文の動作や状態を示します。主語と述語が対応関係にあれば、文の意図が明確になります。

主語の「尾藤克之」が動作の主体を示し、述語「指摘している」を示すことで、読者は文の意味を理解できるはずです。

一方、**主語や述語が不明確だと、文の意味が伝わりにくくなります。主語や述語の関係性が不十分だと、読者にストレスを与えて意味を曲解させる危険性があるのです。**

次は文字数です。ケース1の文字数は609文字です。上半分が389文字（63％）、下半分が220文字（37％）です。

ケース2の文字数は341文字、上半分が231文字（67％）、下半分が110文字（33％）です。

使用したケースは私の著書ですが、ほかの作品でも、上半分60〜65％、下半分35〜40％程度になると思います。さらに、上半分に主語と述語が入っていますから、その文意が理解できるはずです。

また、前のセクションで、ビジネス書の構成についてお話しました。

私は、2010年から書籍をニュース記事として紹介するようになり、これまで1万冊以上を手掛けています。その経験から申し上げれば、第一章にキラーコンテンツ（著者にとって、最も伝えたいこと）を持ってくることが多いと考えています。

本屋で立ち読みをするにしても、Amazonのサンプルページ読みにしても「第一章」

が対象になることがほとんどです。第一章がつまらなければ買ってもらえませんから注力するのは当たり前なのです。

つまり、第一章を読めば、本のクオリティや、内容、著者の主張は理解できることになります。これは、1万冊以上を手掛けたコラムニストだからこそいえる主張です。

「3分の1リーディング」が可能になる根拠を3つ挙げます。

①ページの3分の1を読めば、ページ半分の50%は視野に入る点。
②ページの上半分に、主語と述語が含まれていることが多いため。
③ページの上半分の文字数が60~65%、下半分が35~40%で構成される点。

ビジネス書の多くはこの構成を踏襲しています。

さらに、前のセクションでも説明したように「タイポグリセミア現象」の効果で、実際には読めなかったとしても、文章のつながりで脳が変換することが考えられます。言語学では解明されたとはいい切れませんが、いくつかの研究結果を確認すれば、一定の検証が行われていることが理解できます。

ポイント

「3分の1リーディング」は、ページの上半分を読んで理解する方法です。速読のように眼球や脳を鍛える必要もなく、高額な費用を支払う必要もありません。誰にでもできます。

6 横書きの本も縦書きのように読めるのか?

主語と述語を確認できれば、おおよその文意が理解できると説明しました。小説のように、簡潔に書くことを目的としない文章もありますが、一般的なビジネス書や一般書では結論ファーストの書き方が多いものです。そのため、最初を読めば結論がつかめてしまいます。

▼横書きの本はどうなの?

縦書きの文章の上半分には、主語＋述語といった、文章の骨格が含まれているため、上半分を読めば、おおよそが理解できます。となるとここでひとつの疑問が浮かび上がります。横書きの本に適応できるかという点です。

横書きが日本に登場した経緯や公用文での横書き推進の影響、縦書き・横書きテキストにおける日本人の好みの構造分析などの研究発表はあるものの、統計的なデータは見つかりませんでした。

日本では、教科書を含めこれまでは縦書きが多かったと思います。学生時代の卒論は縦書きでした。当時はワープロが一部に普及していましたが所有率は低く、当時は、Ｍａｃのドローソフトやクラリスワークスを利用していました。

Ｗｉｎｄｏｗｓ95の爆発的なヒットによりＷｏｒｄが普及し横書きが一般化します。文部科学省が２０２０年に発行した『情報社会の進展と情報技術』には、情報社会の進展と影響について、教育の目的、内容、方法、評価などの観点から分析し評価されていますので関心のある方はお読みください。

ビジネスの世界で標準化した横書きも、出版業界に浸透するには時間がかかります。私は

2010年から現在まで、22冊の本を上梓していますが、大半は縦書きです。紙媒体で読むことが多い小説も縦書きが主流です。

これには、書籍においてのミドル〜シニア世代の読者は縦書きを好む人が多いという背景があります。

【ケース】

少々脱線しましたが、横書きの本を読んでみることにしましょう。このページの文章は、私の著書『バズる文章のつくり方』（WAVE出版）に書かれているページを抜粋したものです。

ネットで高アクセスを記録することを「バズる」といいますが、そのためのマニュアル本です。

では次の文章を読んでみてください。

ページの左3分の1を読んでも視界には50％程度が入るため、半分を判読できるようにしています。モザイクがかかったページを先に読んでもらいます。

●導入部分で「何だこれは[redacted]

文章には、「知ってもらう」「理[redacted]
して残す」など、多くの役割があ[redacted]
「フック」が大切です。読者の気持[redacted]
クとなる「何だこれは!?」と思わ[redacted]
ないと、次に誘導できません。10[redacted]
かからないと読んではもらえませ[redacted]

私はさまざまなWebメディア[redacted]
際には、フックがかかることを最[redacted]
クが大事」といっても、そればか[redacted]
なったり、内容がともなわない文[redacted]
しなければなりません。また、フッ[redacted]
リーと最後にメッセージを用意し[redacted]
も、最後にメッセージを用意するこ[redacted]

たとえば、企画書、プレゼン、[redacted]
まざまな商品やサービスがあふれ[redacted]
ほど！」と思わせるポイントや相[redacted]
ント、つまり、フックがないと、[redacted]
らうこともできません。フックが[redacted]
とだったのか！」と納得するので[redacted]
たあと、読者の期待をはっきり提[redacted]

読み終わりましたか？　それでは、文章をどの程度理解したか検証をしてみましょう。

次の質問に答えてください。

質問1　このページは何について書かれた内容ですか？

①　文章は丁寧に書きことが大切だと解説している

②　文章はインパクトのあるキーワードが大切だと解説している

③　文章は出だしのフックが重要だと解説している

④　いずれも当てはまらない

質問2　読者にインパクトを与えるのは最初の何文字ですか？

①　最初の１００文字

②　最初の30文字

③　最初の２００文字

④　いずれも当てはまらない

質問3　読者にインパクトを与えるのは最初の何行ですか？

①　最初の1行
②　最初の3行
③　最初の5行
④　いずれも当てはまらない

それでは正解を確認してみましょう。

（正解）質問1…③　※フックが重要　質問2…①　※最初の100文字　質問3…②
※最初の3行

●導入部分で「何だこれは!?」と思わせる

文章には、「知ってもらう」「理解を深める」「説得する」「記録として残す」など、多くの役割があります。効果的に伝えるためには「フック」が大切です。読者の気持ちをつかむには、導入部分にフックとなる「何だこれは!?」と思わせるような印象的な話題を用意しないと、次に誘導できません。100文字、つまり3行程度でフックがかからないと読んではもらえません。

私はさまざまなWebメディアで記事を執筆していますが、その際には、フックがかかることを最も意識しています。ただし、「フックが大事」といっても、そればかりに意識が向くと過剰な書き方になったり、内容がともなわない文章になったりしてしまうので注意しなければなりません。また、フックをかける際には、全体のストーリーと最後にメッセージを用意しておくことも必要です。というのも、最後にメッセージを用意することで主張がはっきりするからです。

たとえば、企画書、プレゼン、セミナー資料も同じことです。さまざまな商品やサービスがあふれているこの時代に、相手に「なるほど！」と思わせるポイントや相手にメリットを感じてもらうポイント、つまり、フックがないと、調子が冗長になり、話を聞いてもらうこともできません。フックがあることで、相手は「そういうことだったのか！」と納得するのです。そのためには、フックがかかったあと、読者の期待をはっきり提示することが必要になります。ま

第４章

工夫をすれば記憶への定着率が変わる

1 本を読むときは著者になる

本を読むときに大切なことは、著者の立場に立って読むことです。著者はどんな人物で、どんな思いで、どんな目的でこの本を書いたのか？　それを想像しながら読むことで、本の内容やメッセージがより鮮明に伝わってきます。また、自分の知識や感性や想像力も豊かになります。

▼妄想力を鍛えて読書を楽しもう

人は妄想する生き物です。妄想と聞くと悪いイメージを持つかもしれませんが、じつは妄想は創造性や感受性の源泉です。美術館に行って作品を見るとき、映画を観るとき、本を選ぶとき、私たちは自然と妄想します。作品や作者、自分がその場にいたらどう感じるかなどを想像し、妄想することで、作品に対する理解や共感が深まるのです。

本も同じです。エッセイやノンフィクションでも、著者が選んだ言葉や表現や構成には意味があります。著者の伝えたいことや感情、思考や意図をを推測しながら読むことで、本の魅力や価値がより感じられます。

本の読み方に「正解」はありませんが、著者に寄り添って読むことで自分なりの解釈が生まれてくるのです。では、どうすれば妄想力を鍛えることができるでしょうか。私は次の3つの方法をおすすめします。

①著者について調べてみよう

本を選ぶ前に、著者について調べてみましょう。インターネットや書籍紹介などで、著者のプロフィールや経歴や思想や趣味などを知ることができます。著者自身がインタビューやエッセイで語っている内容や感想も参考になります。

著者が影響を受けた作家や作品もチェックしてみましょう。これらの情報から、著者の人柄や性格や好みや信念などを推測することができ、本にどのように反映されているかを探しながら読むことで、本に対する興味や関心が高まります。

②著者が何を伝えたいのか考えてみよう

本を読みはじめたら、著者がなぜこの本を書いたのか、どんなメッセージやテーマや問題提起をしているのか、どんな感情や思考や意図を持っているのかなどを考えてみましょう。

著者が選んだタイトルや章立てや登場人物や場面や言葉などにも意味や目的があるはずです。

それらを分析してみることで、著者の視点や思考プロセスに近づくことができます。

また、著者が書いた時代や社会や文化や背景も考慮に入れることで、作品の背景知識や文脈がわかり、作品の価値や意義や影響力についても評価することができます。

③読了後に著者と対話をしてみよう

本を読み終わったら、著者に質問したいことや感想や批評や感謝の言葉などを書き出してみましょう。それを著者に宛てた手紙やメールやレビューとして書くことで、読書体験がより充実します。

著者が生きている場合は、実際に連絡を取ってみることもできます。著者のSNSやブログやメールアドレスなどを探してみましょう。

もしかしたら著者から返事が来るかもしれないし、来なくても、それはそれで楽しいものです。

著者が亡くなっている場合は、著者のお墓参りや記念館や故郷などを訪れてみることもできます。

その時代に思いをふけるとより学びは深くなり、著者の人生や作品に触れることで、読書の感動がより深まります。

▼自分の視点も大切にしよう

本を読むときには、自分の視点も大切にしましょう。著者の立場になりきって読むことは重要ですが、それだけでは偏った解釈になる可能性があります。**読書は「著者との対話」ですから、自分の感想や意見も持ちながら読むことで、本の内容に対する深い理解や感動が生まれます**。

また、共感力やメタ認知能力も高めることができます。自分の視点を持つためには、次のようなことを意識してみてください。

あなたの目の前に茶碗があったとします。この茶碗を、アメリカ、フランス、中国、エジプトなど、各国の人が見たら茶碗をどう感じるでしょうか。フランスの人なら、カフェオレを入れる容器に見えるかもしれません。なかには、植木鉢と思う人がいるかもしれません。相手の立場に立って考えること、つまり、「著者の立場になりきって読む」ことはこれと同じようなことだと思うのです。

本も同じです。小説にしても読み方や解釈は読者の自由です。著者の狙いがすべての読者に伝わるわけではありません。

本の読み方に「正解」はないとしても、著者に寄り添い感じながら読むことで自分なりの解釈が生まれてくるはずです。

解釈はたくさん本を読んだほうが引き出しが増えることになります。

いろんな角度から、本を楽しんで読むことができれば、速く、深く、読むことができるのです。

ポイント

本を著者の立場になりきって読むことは、読書の楽しさや学びを倍増させます。妄想力を駆使して、本と著者と自分との関係を築いてみましょう。読書の学びが深くなります。

2 忘れない読み方を覚えて実行しよう

本を読むときに忘れがちなことは、読んだ内容を人と共有することです。本を読んだだけでは、記憶に残らないことも多いでしょう。しかし、本の内容を誰かに話したり、聞くことで、記憶に定着させることができます。

また、自分の理解度や感想も確認できます。本を読んだ後にアウトプットすることは、本を活用するための重要なステップです。

▼アウトプットで記憶が強化される理由

アウトプットとは、自分がインプットした情報を言葉や文章や図などで表現することです。

アウトプットすることで、記憶が強化される理由は次のようなものがあります。

①情報を整理することで理解が深まる

本を読んだ後にアウトプットすることで、本の内容を自分の言葉で整理することができます。本に書かれている情報は、著者の視点や目的や文体によって構成されています。それを自分なりに要約・解釈・評価することで、本のメッセージやテーマや問題点などが明確になります。

また、自分が知っている知識や経験と照らし合わせたり、関連する情報を補足したりすることで、本の内容に対する理解が深まります。

②情報を伝えることで記憶が定着する

本の内容をアウトプットする際には、自分だけでなく他者にも伝えることが大切です。他者に伝えることで、自分が理解していない部分や疑問点が浮かび上がることがあります。それを解決するために再読したり、調べたり、考えたりする過程で、本の内容に対する記憶が定着します。また、他者からのフィードバックや質問や意見も参考になります。それらを受け入れたり、反論や議論をすることで、本の内容に対する記憶が強化されます。

③情報を活用することで記憶が活性化する

本の内容をアウトプットした後には、それを実践的に活用することも重要です。本の内容を自分の仕事や趣味や生活などに応用したり、他人に教えたり、作品やサービスなどに創造的に発展させたりすることで、記憶が活性化されます。

また、本の内容を活用することで、新たな発見や学びや感動も得られます。それらは記憶に刻まれやすく、本の内容を活用することで、より意味や価値が生まれます。

▼読書会で本の内容を共有しよう

アウトプットのおすすめの方法のひとつが「読書会」です。読書会とは、本を読んだ人たちが集まって、本の内容や感想や意見などを話し合う場です。

読書会には多くの種類があり、1冊を参加者で読み合わせるものや、各自がお気に入りの作品を紹介するものなどです。有料・無料、オンライン・オフラインなど、参加者の属性や条件もさまざまです。読書会に参加するメリットは次のようなものがあります。

①本に対する興味やモチベーションが高まる

読書会に参加すると、他者とともにも本に関わることができます。本をすすめられたり、感想を聞くことで、自分では気づかなかった新しい本の魅力や面白さに気づくことができます。

また、自分が好きな作品を他者に紹介したり、感想を伝えることで、自分の読書体験や感動を共有できます。これらは、本に対する興味やモチベーションを高める効果があります。

②本に対する理解や感想が深まる

読書会に参加することで、自分だけでなく他者からも本に対する理解や感想を得ることができます。他者の新しい視点や理解により、別のメッセージや問題点などに気づくことができます。また、自分の理解や感想に対して他者から質問や意見や批評などがあることで、自分の考え方や表現力を磨くことができます。これらは、本に対する理解や感想を深める効果があります。

③本に対する活用や創造が広がる

読書会に参加すると、他者からも本に対する活用や創造のヒントを得ることができます。自分とは異なる仕事や趣味や生活をしている人たちの、自分では思いつかなかった本の内容の応用方法や発展案などに触れることができます。

また、自分の活用や創造に対して他者からフィードバックや提案や協力などがあることで、自分のアイデアやスキルを高めることができ、本に対する活用や創造の可能性を広げる効果があります。

読書会への参加方法はさまざまですが、ネット上には多くの読書会が存在します。SNSやブログ、HPなどで検索して積極的に情報を探してみてはいかがでしょうか。

ポイント

読んだ内容を忘れないためには情報共有が効果的です。理解を深めるだけでなく、情報の整理や管理、アクセスや活用もしやすくなります。読書会などの参加も効果的でしょう。

3 日々の読書タイムで豊かな人生を

毎日読書をすることのメリットを考えてみましょう。まず、読書によって自分と異なった人の生き方や考え方を知ることで大きな学びがあります。

▼読書の追体験とは何？

読書の追体験とは、読んだ本の内容や感想を思い出したり、再現したりすることです。読書の追体験をすることで、本から得た学びや感動をより深く味わうことができます。また、自分の考えや見方を広げたり、変えたりすることもできます。

たとえば、波頭亮さんの『戦略策定概論』（産業能率大学出版部）を読んだとしましょう。この本は、マッキンゼーのコンサルタントが教える戦略立案の方法論です。読み終わったら、自分が関わるプロジェクトやビジネスについて考えてみましょう。本で紹介された分析手法やフレームワークを使って、自分の課題や目標を明確にしたり、解決策を考えることができます。本から得た知識を自分の現実に活かすことができるのです。

塩野七生さんの『ローマ人の物語』（新潮社）を読んだとしましょう。この本は、古代ローマの歴史を壮大な物語として描いたものです。本を読んだ後に、自分がローマ人だったらどう生きるか想像してみましょう。本に登場する人物や出来事に感情移入したり、自分ならどう行動するか考えたりしましょう。このようにして、本から得た感動を自分の心に刻むことができます。

あなたは読書の追体験をしていますか？　ルールはありませんので、自分の好きな方法で行えばいいのですが、私は以下のようにしています。

まず、**読んだ本のタイトルや著者名、ジャンルやテーマなどをメモします**。これは、本の概要や印象を整理するためです。

次に、**本のなかで特に印象に残ったシーンやキャラクター、言葉やメッセージなどを思い出します**。これは、本の感動や感銘を呼び起こすためです。そして、**自分がその本から何を学んだのか、どう感じたのか、どう考えたのかなどを書き出します**。本の価値や意義を確認することができます。

その後は、**メモした内容を見ながら、本の世界に入り込んだり、自分と対話をしたりします**。本の世界に入り込むときは、自分がそのシーンやキャラクターになったつもりで想像力を働かせます。自分と対話するときは、自分がその本から得た知識や感想を他人に伝えるつもりで話します。

このようにして、読書の追体験を楽しむのです。

▼読書の追体験の効果

読書の追体験には、さまざまな効果がありますが、そのなかから3つを紹介します。

①ストレス解消効果

読書は心を落ち着かせ、リラックスさせる効果があります。特に感情移入できる小説などは、ストレスレベルを約60％まで低下させるという研究結果があります。

②語彙力やコミュニケーション能力の向上

読書は言葉の理解や表現の力を高めます。特に子どもにとっては、読み聞かせや音読をすることで語彙力がアップするという研究結果があります。また、本のなかの人物の思考や感情を追体験することで、共感能力やコミュニケーション能力も向上するという研究結果があります。

③学力や知識の向上

読書はさまざまな分野やテーマに触れることができます。そのため、読書を多くすることで学力や知識が向上するという研究結果があります。ただし、読書だけではなく、学習の時間配分や興味のある本を選ぶことも重要です。

読書は単なる情報収集ではありません。読書は自分自身と向き合う時間でもあります。読書の追体験をすることで、本と自分の関係が深まりますし、新たな発見や気づきがあります。

ぜひ、読書の追体験を経験してみてください。

ポイント

読書の追体験とは、本の内容や感想を思い出したり、再現したりすることで、本と自分の関係を深めることです。ストレス解消や語彙力向上、学力や知識向上などの効果があります。

4 本に書き込んで学びを増やし定着させる

すでに何回か申し上げていますが、本はキレイに読むものではなく、なるべく汚く読むようにしてください。本をノート代わりにどんどん書き込むことです。

▼付箋は使わないで直接書く

もちろん図書館から借りた本や他人から借りた本には書き込めませんが、自分で買った本や自分の所有する本であれば、遠慮せずに書き込んでください。読みながら感じたことや思ったことはすぐに忘れてしまうものです。そのときの感覚や感情を記録しておくことで、後で見返したときに本の内容を思い出しやすくなります。

付箋（ポストイット類）は使わないで、直接ペンや鉛筆で本に書き込んでください。

付箋は目印として便利ですが、はがれたり、紛失したりするリスクがあります。また、付箋は紙質が悪いため、インクが滲んだり、文字が薄くなったりすることもあります。直接本に書き込むことで、自分の言葉や記号を自由に使って表現することができます。

そして、どんなに素晴らしい内容の本を読んでも、アウトプットしなければ意味がありません。アウトプットするためには、情報を整理する必要があります。整理をするためには、文字にするか、言葉にする作業が必要です。

メモ程度でもかまいませんので、読みながら書き込むことからはじめてください。

ほかにも、本で読んだ内容を、友人や同僚、家族に話すだけでもアウトプットの効果は得られます。読んだ内容を話題に上げるだけで記憶の定着率が高まりますし、他人の意見や反応も聞くことができます。

「話す相手」や「話す内容」は問題ではありません。まずは自分が本で得た知識や感動を誰かに伝えることを習慣にしてみてください。

▼書き込みの効果

あなたがいま読んでいる本はビジネス書というジャンルに入ります。ビジネス書は、仕事や人生に役立つ知識やスキル、考え方や哲学を学ぶためのものです。

しかし、ただ読むだけでは、本の内容を理解したり記憶したりするのは難しいかもしれません。そこで、本に書き込みながら読むという方法が効果的なのです。以下のようなメリットがあります。

①脳の活性化

本を読むときには、視覚や言語の領域が主に働きますが、書き込むときには、運動や感覚の領域も刺激されます。複数の領域を同時に使うことで、脳がより活性化され、学習効果が高まります。また、自分の言葉で本の内容を要約したり、感想や疑問を表現することで、本の内容を深く理解するために必要な読解力が鍛えられます。

②記憶力の強化

本に書き込むということは、インプットした情報をアウトプットすることです。インプットとアウトプットを繰り返すことで、記憶の定着度が高まります。また、書き込んだ内容を見返すことで、復習効果も得られます。実際に、書き込みをすることで、自分がどこまで本を理解しているかを確認することもできます。

③集中力の向上

本に書き込むということは、本に対して積極的な姿勢で向き合うことです。これによって、集中力が高まり、読書の質が向上します。また、書き込みをすることで、自分の興味や関心を明確にすることもできます。本に書き込みながら読むことは、ビジネス書を読む目的である知識やスキル、考え方や哲学の習得に大いに役立ちます。

ポイント

本は書き込みや折り目をつけ、ペンで書き込みながら汚く読むと効果的です。脳の活性化、記憶力の強化、集中力の向上などの効果が得られます。ぜひ試してみてください。

5 集中力が高まると読書が楽しくなる

「読書をするとき、集中できない」という方は多いと思います。集中力が低い状態で本を読んでも、頭に入ってきませんし、もちろんアウトプットすることができるようにはなりません。

▼あなたにふさわしい時間帯を設定する

どうすれば集中力を高く保つことができるのでしょうか。そのコツは、**自分に合った読書の時間帯を見つけることです**。人によって集中力が高まる時間帯は異なります。朝起きたあとの1時間は集中力が高いという人もいれば、夜寝る前の1時間は集中力が低下するという人もいます。自分の体調や生活習慣に合わせて、最適な読書の時間帯を設定しましょう。

本を集中力高く読むためには、なるべく集中力が高くなりやすい時間帯に本を読むことです。朝起きた後の1時間に集中力が高くなる、という人がいます。このような人は朝に本を読むといいでしょう。

朝の読書効果を検証した研究はいくつか存在します。文部科学省文化審議会の研究では、「朝の読書」の教育的意義があること、朝の読書は、子どもたちの想像力や記憶力、集中力などを高める効果があるとされています。

さらに、学習指導面と生活指導面の両方において有効であると考えることもできます。朝は起きたばかりで頭が整理されている状態です。読んだ本の内容が頭に入ってきやすいともいえます。

ちなみに、私の場合は、夜寝る前の1時間になるべく読書の時間を取るようにしています。受験勉強などの影響で若いころから夜型の生活をしていました。そのため、夜に重要な作業をするようにしています。読書もその時間帯に行います。

「朝一番」に何をするかは、1日のスタートダッシュをするうえでとても大切なことです。そして、1日の最後である「夜寝る前」に何をするのか。これもまた大切なことです。「朝一番」と「夜寝る前」の大切な時間、どちらかを読書の時間にあてるかはあなたの習慣や心地よさで考えればいいと思います。

生活にマッチした読書習慣なら集中力も高まりますし、あなたの人生を豊かにしてくれることでしょう。

▼集中力を上げるにはコレが何よりも重要

もうひとつ、**集中力を高める方法として絶対に必要なものが睡眠です**。睡眠は体調や精神状態に大きく影響します。寝不足だと集中力が低下するだけでなく、健康や美容にも悪影響を及ぼします。

「睡眠」は集中力を高める絶対条件です。良質な睡眠を得るためには、寝る前にリラックスすることが重要です。音楽を聞いたりペットと遊んだり植物の世話をしたりするなど、自分が心地よく感じることをしましょう。

ストレッチやマッサージも効果的です。入浴は寝る数時間前に済ませると、就寝前の体温が適温になります。熱いお湯に浸かると、交感神経が刺激されて新陳代謝や老廃物の排出が促進されますが、神経が高ぶって眠りにくくなることもあります。

私は首や肩こりがひどいので、42度くらいのお湯に入りながらストレッチや筋肉をほぐしています。人によって最適な温度は違いますので、自分に合った温度を見つけてください。入浴前後の水分補給も忘れずに行いましょう。

就寝前は食事や飲酒を控えることも大切です。胃や肝臓に負担をかけると、睡眠の質が低下します。PCやスマホ、テレビなどの画面から目を離すことも必要です。画面から発せられる光は、脳に昼間の情報を伝えてしまい、眠気を遅らせます。入浴後の仕事も厳禁です。遅くまで仕事をすると、翌朝の体調回復が難しくなります。リラックスした睡眠を確保することで、すべてのパフォーマンスがアップすると考えてください。

睡眠に関して、土日にたっぷり眠れば取り返せると思っている人がいます。これについては、米国のペンシルバニア州立大学のアレクザンドロス・ヴゴンツァス氏らの研究によって、認知機能は回復しないことが明らかになっています。

毎日、睡眠を削って仕事を頑張って、週末にたっぷり睡眠をとったとしても取り返せるわけではありません。

本を読むことは、自分自身を成長させる素晴らしい方法です。しかし、読書の効果を最大限に引き出すためには、集中力を高く保つことが必要です。自分に合った読書の時間帯を見つけて、良質な睡眠をとることで、集中力を高めましょう。

集中力が高まれば、本から得られる知識やスキルも増えますし、アウトプットする力も身につきます。読書で自分の人生を豊かにしましょう。

ポイント

読書の集中力を高めるには、自分に合った時間帯に読むこと、睡眠を十分にとることが重要です。睡眠は生体リズムを整え、パフォーマンスをアップさせる効果があります。

6 読書を可視化してモチベーションアップ！

読書は読みっ放しではなく読書時間を記録することで、楽しく成長を実感できます。ストップウオッチやキッチンタイマーを使って記録するのは、「各作業に要した時間」です。基本はどちらでもいいのですが、画面が大きく機能がシンプルなものがおすすめです。

▼時間を可視化することのメリット

読書は楽しみながら自分を成長させることができる素晴らしい習慣です。しかし、読書の効果を最大限に引き出すためには、読書時間を記録することが重要です。読書時間を記録することで、自分の努力や進歩を実感できますし、集中力や記憶力も高まります。

ストップウオッチやキッチンタイマーは、作業時間を測定するだけでなく、時間管理とパフォーマンス向上にも効果的なツールです。その使い方とメリットについて詳しく説明します。

まず、本を読む前にストップウオッチやキッチンタイマーをセットします。

本を読みはじめると同時にスタートボタンを押し、本を読み終えると同時にストップボタンを押します。これで、本1冊あたりの読書時間がわかります。

この作業を繰り返すことで、自分の読書ペースや能力を客観的に把握することができ、本の種類や難易度によって変化する読書時間も把握することができます。

多くの著書を出されている明治大学文学部教授の齋藤孝さんは、ストップウォッチで仕事・勉強のスピードが倍速になるとさえいっています。

10分でも15分でも、わずかな隙間時間を最大限有効に使うために、喫茶店に入ったら、腕時計を外してテーブルの上に置きましょう。目を少し動かすだけで時間がわかる状況をつくることができます。

待ち合わせしている人が来る、次の仕事場へ移動する、家に帰らなくてはならない、といった理由で決まっている次の行動を起こす時間から逆算して、集中可能な時間を把握して進めておくのです。喫茶店に滞在している間に何ができるかシミュレーションするのです。

▼時間管理とパフォーマンスの向上

次に、作業時間の測定結果を基にして、自分の時間管理とパフォーマンス向上を図ります。まず、「今月中にこの本を10冊読む」「この本は1日1時間以内に読む」など具体的な目標や計画を立てましょう。目標や計画は現実的で達成可能なものにするのも大切です。

目標や計画に沿って本を読み進めたら、作業途中にストップウオッチやキッチンタイマーで時間を確認します。これは、自分のペースや目標に対するモチベーションを維持し、余計なことに気を取られないように注意力を集中させるためです。

作業終了後は、自分の成果や進歩を振り返り、測定した時間と目標や計画との比較や評価を行います。

たとえば「この本は目標より早く読めた」「この本は予想より時間がかかった」などです。

振り返ることで「この本はどうすればもっと速く読めるだろうか」「この本はどうすればもっと理解できるだろうか」といった自分の強みや弱みを見つけることができ、自分の成長を可視化することができます。次回の改善点や工夫点も見つけられ、自信や満足感を得ることができます。

ストップウオッチやキッチンタイマーで差作業時間を測定することで、読書だけでなく、仕事や勉強においても時間管理とパフォーマンスの向上につながります。

ぜひ日常的に活用してみてください。読書は当然のこと、あなたの仕事や勉強の効率や成果が格段に上がることでしょう。

ポイント

読書スピードを高めるにはストップウオッチやキッチンタイマーの活用を。画面が大きく余計な機能がついていないものがおすすめです。

第5章

型を知れば、読書がもっと楽しくなる

1 本を読んでも忘れないアウトプットの秘訣

あなたは「月に何冊の本を読んでいますか」「最近読んだ本でよかった本を教えてください」と質問されて、すぐに答えることができますか。

▼限られた時間で最良の結果を出す

おそらく多くの人は、次の言葉が出てこないはずです。身につかない読書をしても自己成長につながりません。これまでお伝えしてきたように、本を読んでも、アウトプットできなければ意味がないのです。

読んだ本をアウトプットする方法はいくつかあります。本への書き込みやSNSの発信など、いくつかの方法も紹介しました。もし、さらにステップアップしたいようでしたら、私のように、本で読んだ内容をまとまった文字数の記事にまとめて発信するといいでしょう。自分の考えや主張を、ブログやSNSなどで発信するだけで気づきがあると思います。

まず、記事にすることで、読んだ本の内容を整理しやすくなります。また、自分の言葉で表現することで、理解度や記憶力も高まります。他人に見せることで、フィードバックや交流も得られます。記事を書くアウトプットは、読書の効果を最大化する方法だと思います。

文章で効果的に伝えるために大切なものが、「フック」という最初の100文字です。最初の3行は特に重要です。この3行で読者の心にフックが掛からないと読んではもらえないからです。慣れないうちは、サマリー（要約したもの）を3行（約100文字）にまとめるといいでしょう。

自分が読者だと想定して、どのような書き方が、読者の心をつかみ、刺激することができるのか考えてみましょう。

▼実際に3行を考えてみよう

本を読むだけでは自己成長につながりません。
本を読んだ後にアウトプットすることが大切です。
この記事では、アウトプットする方法とそのコツをお伝えします。（73文字）

平易ですが、このサマリーでは、「本を読むだけでは自己成長につながりません」という衝撃的な主張があります。これは多くの読者の常識や期待に逆らっています。そのため、読者は「本当か？」「なぜそういうのか？」という疑問や興味を持ちます。そして、「アウトプットする方法とそのコツ」という具体的な内容に展開していきます。

このような書き方であれば、読者に「役立つ情報がある」という期待感を与えます。

では、次にタイトルをつけてみましょう。

- **本を読むだけじゃ足りない！　アウトプット術**
- **アウトプットで自己成長！　本の読み方教えます**
- **本を読んだらアウトプット！　その方法とコツは？**
- **アウトプットで本の効果倍増！　やり方はこちら**
- **本を読んでも忘れる？　アウトプットで解決！**

すべて20文字以内に収めました。本書はコピーやタイトルをつけることが目的ではないので詳しくは解説しませんが、コピーの付け方でインパクトが違ってきます。ご関心のあるかたは、WAVE出版刊行の拙著『バズる文章のつくり方』をお読みください。

3行でまとめるといっても、過剰な書き方になったり、内容がともなわない文章では意味がありません。何を主張したいのかを3行で明確にしなければいけません。

企画書でも、プレゼンやセミナーの資料でも同じことがいえます。さまざまな商品やサービスがあふれている時代、相手に「なるほど！」と思わせるメリットを感じてもらうポイント、つまりフックがないと、一本調子では話を聞いてもらうこともできません。

フックをつくるためには、自分の文章の目的や対象者を明確にすることが必要です。目的は、読者に何を伝えたいのか、どう思ってほしいのか、どう行動してほしいのかです。

対象者は、読者の年齢や性別や職業や趣味などです。目的や対象者に応じて、言葉遣いやトーンや例え話などを工夫することで、読者に興味や共感を持ってもらえます。

まずは自分を読者に置き換えること。次に、アウトプットした文章を他人にシェアしても要点が伝わること。この2点を重視してください。誰に向けて、何を、何を目的に、どう伝えるか。きっちり整理してみると、アウトプットの精度が高まるはずです。

本を読んだ後にアウトプットする習慣を身につけて、自己成長のスピードを加速させましょう。

ポイント

本を読むだけでは自己成長には不十分です。読んだ本をアウトプットすることで、理解や記憶を深め、表現力やコミュニケーション力を高めます。コツを覚えれば簡単です。

2 読者を飽きさせない仕掛けとは何か

文章を構成する際のヒントとして「最初に結論を書く」ことを意識しましょう。会話をしていて、なんの話かわからなかったり、意味が通じないと、聞く側はストレスを感じるものです。

▼結論ファーストの効果

ビジネスの場面では「結論ファースト」が一般的になりつつありますが、日本では、最後に結論を読ませる「結論ラスト」の書き方が一般的です。映画、ドラマ、小説のクライマックスは最後です。学術論文や研究発表資料も構成は同じです。

研究発表なら、先行研究や過去の文献を整理して作業仮説を設定し、その仮説を検証していきます。そして、分析結果をもとにデータや理論の有意性を示し、その先にある結論を導き出していきます。

このような書き方は読者にとって不便です。読者は最初から最後まで文章に集中しなければなりません。途中で飽きたり、忘れたりしたら、結論が理解できません。

また、読者は筆者の展開通りに文章を追っていくだけなので、自分が何を知りたいのか、何が重要なのかがわかりません。

対して、「結論ファースト」の書き方は読者にとって便利です。読者は最初に筆者の主張や結論を知ってから、その根拠や理由を読むことができます。読者は自分が何を知りたいのか、何が重要なのかがわかることで、筆者と対話しながら文章を読むことができます。

「結論ファースト」の書き方は時間や労力を節約できます。読者は自分に必要な情報だけをピックアップできます。また、筆者も自分の主張や結論を明確にすることで、文章の構成や展開がしやすくなります。「結論ファースト」の書き方は効率的ともいえます。

「結論ラスト」は万能型で、読者がすでに関心を持っていたり、商品やサービス内容について知識がある場合に適しています。

このときに「結論ファースト」を使うと、読者はいきなり結論を求められている（押しつけられている）という錯覚に陥ります。その結果、不快感を感じると、そこで読むことをやめてしまいます。少しずつ、知識を深める「結論ラスト」のほうが丁寧な方法だといえます。

また、「結論ファースト」には適さない場面が存在します。たとえば、災害や事故に関する記事などにおいて、「結論ファースト」だと嫌悪感を抱かれることがあります。災害や事故の描写が生々しく、結論（〇〇人死亡など）が最初に書かれていると、その先を読む気が薄れてしまうこともあります。

このような場合には、フォーマルな順序として理解されやすい「結論ラスト」のほうが受け入れられやすいのです。

さらに、女性は共感力が男性よりも高い人が多いので、そのときの「感情」を実感できる「結論ラスト」のほうが圧倒的にスムーズといえます。あとはテクニカル要素ですが、結論が一般的なら、「結論ラスト」がスムーズです。逆に一般的でない場合は、「結論ファースト」

のほうが断然インパクトがあるのです。

あなたが、新しい発明品や研究成果を紹介する文章を書くとしましょう。「結論ファースト」で最初にその発明品や研究成果の特徴や効果を伝えることができれば、読者の興味や好奇心を引くことができます。その後に研究成果の背景やデータを説明することで、読者の理解度を深めることができます。

▼最後まで読ませる「仕掛け」を入れる

SNSに記事を投稿するからには、読者に最後まで読んでもらいたいものです。でも、読者はすぐにほかの記事に移ってしまったり、スクロールして飛ばしてしまったりするかも知れません。そこで大切なのが、「仕掛け」です。

「仕掛け」とは、読者の興味や関心を引きつけて、記事とコミュニケーションするための工夫です。この記事では、「仕掛け」の例を4つ紹介します。これらの「仕掛け」を使えば、あなたの記事はもっと読まれるだけでなく、シェアやコメントも増えるようになります。

①キャンペーンやプレゼントの告知

記事の最後に、読者に何か特典やプレゼントを用意するということを伝えます。これはテレビ番組の視聴者プレゼントと同じで、読者の行動を促します。

たとえば、「この記事をシェアしてくれた方のなかから抽選で、人気のオンライン英会話サービスの1カ月無料体験券を5名にプレゼントします。応募方法は簡単。この記事をシェアしたら、ダイレクトメールをください。締め切りは今月末までです」このように書くと、読者は記事をシェアするモチベーションが高まります。

②編集後記や裏話などの付加価値

記事の内容以外にも、筆者の個性や裏話などをつけ加えます。これは読者と筆者との距離感を縮め、共感や信頼を得ることができます。たとえば、「この記事を書くにあたって、私はSNSに投稿する記事の書き方についていろいろと調べました。そのなかで見つけた驚きの事実やコツをこっそり教えちゃいます」や「この記事で紹介した商品やサービスは、私も実際に使ってみました。その感想や評価を正直にお伝えします」などです。

これなら、読者は筆者に親近感や信頼感を持ってくれます。

③冒頭部分にサマリーを入れる

記事の冒頭部分に、3行程度で記事の内容やメリットを要約します。これによって読者は記事に興味や関心を持ち、読みたい人を誘導する役割も果たします。

「この記事では、SNSに記事を投稿する際のコツを紹介します。最後まで読んでもらうために効果的な「仕掛け」の例を4つお伝えします。これらの「仕掛け」を使えば、あなたの記事はもっと読まれるだけでなく、シェアやコメントも増えるようになりますよ」

といったサマリーを入れると、読者は記事に期待感やメリット感を持ちます。

一方的な情報発信ではなく、読者とのコミュニケーションを意識した「仕掛け」を取り入れることで、あなたの記事はもっと魅力的になるはずです。

まずは、筆者の人となりがわかるようなコンテンツを用意してみてはいかがでしょうか。

ポイント

SNSに記事を書く際には、読者の興味や関心を引く「仕掛け」を用意してください。たとえば、キャンペーンやプレゼントの告知、編集後記や裏話などが効果的です。

3 最後のひと手間で読書の効果は驚くほど変わる

文章を書き終えたら、推敲という作業が待っています。推敲とは、自分の文章をよりよくするために見直すことです。自分の文章をよりよくするために必要なものです。

▼自分の文章を客観的に見る方法

自分が書いた文章を客観的に見る方法を知りたいですか？　そのための3つの方法を紹介します。これらの方法を実践すれば、あなたの文章はもっとよくなります。

①1日空けてから読み直す

自分が書いた文章は、その日の気分や感情が反映されています。だからこそ、書き終えたらすぐに読み返すのではなく、少し時間を置いてから読み返すことが大切です。

1日空けてから読み直すことで、自分の感情や先入観が薄れて、冷静な目で見ることができます。特に、感情的な文章や長い文章は、この方法がおすすめです。

②印刷して読み直す

PC上の画面で文章を読むときは、文字が小さかったり色が薄かったりして見逃しやすいミスがあります。そこで、紙に印刷して読むことで、ミスに気づきやすくなります。

印刷することで、文章のレイアウトや文字の大きさも変わるので、見た目の印象も変わります。私の場合、重要な書類はすべて印刷してチェックをするようにしています。

③声に出して読み直す

音読することで、文章のリズムや語感を確かめることができます。また、視覚だけでなく聴覚でも文章をチェックすることで、推敲の精度を高めることができます。協力者がいれば、他人に読んでもらうことも有効です。

他人は自分と違って思い入れがないので、厳しく読んでくれます。テーマに関係ない読者は文章に対する前提知識も持っていないので、どこがわかりにくいか指摘してくれます。

自分の文章を客観的に見る方法はほかにもあるかもしれませんが、まずはこれらの方法からはじめてみてください。自分の文章を客観的に見ることは、文章を書くうえでとても重要です。自分の文章をよいものにするには、謙虚な姿勢で推敲に臨むことが望ましいでしょう。

私は1冊あたり10分で読み、30分で記事を書き、10分で投稿作業をします。ひとつの記事を作成する時間は1時間以内に決めています。理由は、時間がかかりすぎるとほかの本に手が回らないからです。また、力を入れすぎても読まれるわけではないからです。読者は短い時間で多くの情報を得たいと思っています。

このような作業を毎日続けてもう10年以上になります。おかげで、自己成長を体感できるようになりました。自分の成長を実感できるようになっただけでなく、周りの人にも影響を与えることができるようになります。

なかには、Yahoo!ニュースに掲載されて数百万PVを獲得する記事もあります。その本はAmazonで売り切れになり、一気に増刷がかかるので、これは私の文章が多くの人に届いている証拠といえるでしょう。

ポイント

アウトプットする際に、文章の推敲はとても重要な作業です。自分の文章を客観的に把握するためにも、最後のひと手間を惜しまないようにしましょう。

4 読書で知的な冒険に出てみよう

楽しくて、成長できる。それが最高の読書です。最近、ビジネス書が売れないという話をよく聞きます。これは当然だと思います。本の読み方が変わってきているからです。

▼読書にはネットでは得られない魅力がある

読書にはネットでは得られない魅力があります。私が実践してきた読書の楽しみ方とその効果を紹介します。これらの方法を試せば、あなたも新しい世界に触れることができます。

①書店で普段買わないジャンルの本に挑戦する

書店で本を選ぶときは、普段は買わないようなジャンルのコーナーに行ってみます。そこでは、歴史や科学や芸術などさまざまな分野の本が並んでいます。そんな本を手に取ってみると、驚くほど面白かったり感動したりすることがあります。

私はビジネス書の紹介をしていたので、これまでは同じ分野の本ばかりを読んでいましたが、小説やエッセイのコーナーに立ち寄ったときは新鮮でした。そこで見つけた本は私の視野を広げてくれたと思います。

②小説やエッセイで人生や社会や文化に触れる

小説やエッセイでは、人生や社会や文化などさまざまなテーマに触れることができます。登場人物や作者の感情や考え方に共感したり反発したりしながら読むことで、自分自身を見つめ直すこともできます。ビジネス書では得られない知恵や感性を身につけることができます。自分がその場にいるように想像しながら読むことで、登場人物や作者の気持ちが伝わってきて、感情移入することができます。

③書店で自分にぴったりの本を見つける

ネットで検索したものに気に入った本が見つからない場合は、書店に足を運んで見つけてください。書店では、表紙や帯やタイトルだけでなく、中身も見ることができます。また、店員さんやほかのお客さんのおすすめも聞くことができます。

私は書店に行くときは、時間に余裕を持って行きます。そうすると、ゆっくりと本を選ぶことができます。知的好奇心が研ぎ澄まされてアドレナリンが増幅されるはずです。

▼ほかの視点での書店の楽しみ方

書店の楽しみ方はほかにもあります。物体としての本の魅力を見つけることです。

本にはページの質感や紙の匂い、重みなど、さまざまな五感を通じてくる楽しみがあります。「この本の仕様は凝っている」「この本の紙は質感や触り心地がいい」「この本は余白の見せ方がうまい」「このインクの色は淡くて渋い」など、出版社や編集者、デザイナーの奥深く、こだわりのあるポイントを見つけたときには感動を覚えます。このような本を見つけると思わず手に取ってしまいます。

本の物体としての魅力を感じられることで、読書体験はより豊かになります。本を手に取ってページをめくることで、時間や空間を超えた旅に出るような気分になれます。本を読むことで、自分だけの世界を創造することができます。本を読むことで、自分の感性や想像力を鍛えることができます。

「紙の本を買うのはお金がもったいない！」という方は図書館を活用してはいかがでしょうか。

図書館は無料で利用でき、リクエストすれば購入してくれる可能性があります。あなたは無料で読みたい本を読むことができるのです。しかも、多くの図書館はネットで手続きできるので、家を出る必要もありません。

図書館にはさまざまなジャンルや年代の本が揃っていますから、書店に行くのと同じように新しい発見があります。読書会や講演会などのイベントも開催されていますから、読書仲間や著者と交流することもできます。

読書は、知識と成長を同時に手に入れられる最高の娯楽。おおいに楽しみましょう。

ポイント

読書は楽しくて成長できる最高の娯楽です。さまざまなジャンルの本を読むことで、視野や感性が広がります。書店や図書館で本の物体としての魅力や新しい発見を楽しみましょう。

5 読書は感情で楽しむ！ロジカルは捨ててしまおう

本書では、読書の楽しさや深さを味わうための方法論についてお話ししてきました。自分の考えや感想を言葉にすることで、読書の効果をさらに高めることができます。ロジカルな書き方ではなく、感動を伝える書き方が必要です。その理由とコツをお伝えします。

▼ロジカルな思考は役に立たない

ロジカルな思考はビジネスで必要だと思っていませんか？　ロジカルな思考に頼ると、あなたは自分も相手も幸せにできないことがわかります。

①ロジックやロジカルは人の心を動かせない

文章を書くときには「重要なことを先頭に持ってくる」というルールがあります。これを「5W1H」といいます。欧米では「Five Ws」と呼ばれますが、日本ではさらに「1H」

をプラスして「5W1H」と呼ばれます。文章のテクニックとして紹介され、多くの文章術の本でも「5W1H」は必須スキルだと書かれています。

When（いつ）、Where（どこで）、Who（だれが）、What（何を）、Why（なぜ）、How（どのように）を押さえて書くというものです。しかし、必要以上に意識するとかえって文章が書きづらくなり、読者に伝わらなくなります。むしろ滑稽になるので注意が必要です。

「5W1H」はまったく役立たないというわけではありません。ビジネスの文書や報告書では、事実や結論を明確に伝えるために有効です。しかし、本書でお伝えしたい「共感」を生み出す文章には向きません。

「5W1H」で書いた文章は、読者の心に響かないからです。考えてみてください。日常会話で「5W1H」で話している人はいませんよね。「5W1H」で話す人がいないように、「5W1H」で書く人もいません。

ビジネスの世界では、「5W1H」を意識してさらにロジカルを意識することで、ビジネスを潤滑に進めることができるという人がいます。

また、このように伝えられる人が「デキる」と評価される向きさえあります。しかし、それは幻想だと申し上げておきます。

ロジックやロジカルは相手を説得したり、事実を客観的に伝えるための道具です。しかし、それだけでは人の心は動かせません。人は感情で行動する生き物です。あなたがどんなにロジカルに説明しても、相手が感じることは「冷たい」「つまらない」「理屈っぽい」だけです。それではビジネスでも人間関係でもうまくいきません。

②人に伝えたいと思うなら、感情に訴えて「共感」を生み出す

ロジックやロジカルは相手を説得したり、事実を客観的に伝えるためのフレームワークにすぎません。そこからは何も価値は生み出されません。どの会社にも、必ず「ロジカル・バカ」みたいな人がいますが、人の気持ちはロジカルでは動きません。

「コロナ」「経営課題」『鬼滅の刃』のいずれもロジカルに説明することはできます。しかし、それはあくまでも報告書という体裁の場合に限ります。

ニュースなどの報道も「5W1H」ですが、これは事実を端的に伝えるためです。ニュースに視聴者を感動させる要素は必要ありません。論より証拠、あなたはテレビのニュースを聞いて感動したり心を動かされたことはありますか？　ロジックやロジカルにだまされては

いけないのです。

▼ロジックやロジカルにだまされない

コンサルティング会社が提供しているセミナーや研修に参加すると、触発された人が急にロジカルになることがあります。「このロジックは」「やはりロジカルに」などと、頻繁に口に出すようになります。

ロジックやロジカルは、相手を説得するためのフレームワークにすぎません。そこからは何も価値を生み出しません。人の気持ちはロジカルだけでは動かず、そこに強い思いや情熱があったり、楽しいと思うから動くのです。気の向くまま、感情のおもむくままに本を読みアウトプットしてください。

ポイント

本書では読書効率をアップさせる方法としてアウトプットの有効性を紹介してきました。ロジックやロジカルにだまされず、気の向くままに本を読みアウトプットすると効果的です。

6 GIGA時代にふさわしい本の選び方と読み方

読書は、知識やスキルを身につけるだけでなく、感性や想像力を豊かにする素晴らしい習慣です。しかし、最近では本の数が増えすぎて、どれを選んで読むか迷ってしまうことも多いことでしょう。そこで、読書方法や本の選び方について考えてみます。

▼自分の目的や興味に合わせる

読書は学びの機会であると同時に、趣味や娯楽という人もいると思います。時間や場所に制限されずに読むことができますが、それゆえに集中力や記憶力が低下してしまうこともあります。本を選ぶときには、自分の目的や興味に合わせることが大切です。

本を読む目的は人それぞれなので、学習や仕事のために必要な知識を得るために読む場合もあれば、趣味や娯楽のために楽しく読む場合もあります。自分が興味を持っている分野や話題に関する本を読むと、モチベーションが高まります。歴史好きなら歴史小説や伝記、料理好きならレシピ本や食文化エッセイなど、好きな分野の読書は学びが深くなります。

本を選ぶ際には、ほかの人の意見や評価も参考にするとよいでしょう。ネット書店（特にAmazon）では、多くの本に対してレビューやランキングがつけられています。他者の評価を見ることで、本の内容や特徴、長所や短所などがわかります。

自分と同じ目的や興味を持っている人のレビューやランキングを探すことで、より適切な本を見つけることができます。

また、チラ読み可能な本もあります。本を選ぶ前には、実際に中身を見てみることも重要です。サンプルや目次が公開されていますから、これらをチェックすることで、本の構成や流れ、書き方や難易度を把握してみましょう。

自分が知りたいことや学びたいことが含まれているかどうかも確認してください。

私はジャケ買いをすることが多いのですが、1冊1冊を吟味せず、複数の本を比較することもあります。同じテーマや分野でも、著者や出版社によって内容や視点が異なる場合があるからです。

複数の本を比較することで、自分にとって最適な本を選ぶことができます。また、複数の本を読むことで、より深く理解したり、異なる視点から考えたりすることもできます。

▼内容の薄いハデ本に注意せよ

ビジネス書は自分の知識やスキルを向上させるための有益なツールですが、なかには品質の低いものや、実際に役に立たないものもあります。特に、ビジネス書を選ぶときには、内容の薄い派手本に注意してください。

最近の本は、カバーデザインや色のバリエーションが豊富です。書店で少しでも目立たせるために原色カラーを用いたり、凹凸のあるエンボス加工をするものも少なくありません。見た目が魅力的なのはいいのですが、内容がともなわない、派手な見せかけだけに惑わされないことが肝要です。

タイトル詐欺にも注意しましょう。ビジネス書はヒットした作品があると、コピーした類書がわいて出てくる傾向があります。「〜が9割」「〜がよくわかる本」……ｅｔｃ．２匹目のドジョウは滅多にいません。タイトルは大事ですが、タイトルだけで売ろうとする本にも注意してください。

さらに、帯には、「仕事の効率が１００倍アップ」「誰でも簡単に億を稼ぐ」「たった1分で人生激変」といった刺激的なフレーズが使われているものがあります。しかし、これらはあくまで読者を引きつけるための宣伝文句であり、本の内容や品質を保証するものではありません。

実際には、深みのない自己啓発や成功哲学、ライフハック系の本が多く、読んでも毒にも薬にもならない場合があります。

そのため、タイトルや帯だけで本を選ばず、中身や著者の経歴などをチェックすることが大切です。

そのなかで長く読まれ続けている定番の本を読むようにしてください。

多くの人から高い評価を得ている本は、その分野の基本や普遍的な真理を教えてくれるものが多いです。何を買って読むかは個人の自由ですが、同じジャンルに飽きてしまった場合は、自分の得意ではない分野や新しいトレンドに関する本にも挑戦するのもいいと思います。

ポイント

読書は知識や感性を高めます。目的や興味に合わせて、レビューやサンプル、複数の本を参考にしてください。内容の薄い派手本には注意し、新しい分野の本にも挑戦してください。

7 読書で「知識」と「経験」と「知見」を広げよう

読書は、私たちの人生に多くの影響を与えます。読書によって、私たちは知識や経験を広げることができます。知識や経験とは、どのようなものでしょうか。

▼知識と経験と知見の違い

知識と経験と知見はどう違うのでしょうか？　それぞれの定義と特徴を紹介します。これらを理解すれば、もっと物事を深く知ることができるでしょう。

①知識は認識によって得られる客観的で確実なもの

知識は認識によって得られます。認識とは人間や物事について理解することです。数学や歴史や科学などの学問分野は認識によって得られる典型的な知識です。知識は事実や原理や法則などを記憶したり、分析したり、応用したりすることで増やすことができます。知識は客観的で確実なものですが、それだけでは物事の本質や意味をつかめません。たとえば、地球が丸いことや重力があることは知識ですが、それだけでは不十分です。

②経験は行動によって得られる主観的で個人的なもの

経験は行動によって得られます。行動とは実際に何かをしたり感じたりすることです。旅行や仕事や趣味などの活動は行動によって得られる経験です。経験は自分の感覚や感情や思考を通して学ぶことで深めることができます。経験は主観的で個人的なものですが、それだけでは物事の普遍性や多様性を認められません。たとえば、海外旅行をしたことや仕事で成功したことは経験ですが、それだけでは不十分です。

③知見は見聞によって得られる自分の知識や経験を超えたもの

知見は見聞によって得られます。見聞とは自分の目で見たり耳で聞いたりすることです。専門家や先人や異文化などから学んだことは見聞によって得られることは知見です。知見は物事についてよく知り、よく理解することです。視野を広げたり、判断力を高めたりすることで高めることができます。

▼目的と興味に合った本を選ぶ

では、どのような本が知識や経験や知見を広げることができるでしょうか。まず、自分の目的や興味に合った本であることが大前提です。目的とは、読書をする理由です。興味とは、読書をする気持ちです。目的に合った本を選ぶことで、読書が効果的になります。目的は人それぞれですが、一般的には以下のようなものがあります。

仕事や学習効果であれば、必要な知識を身につけることが目的になります。なかには、読書を楽しみや娯楽と考えている人もいるでしょう。このような人には趣味や娯楽で楽しく読むことが大切になります。自己啓発であれば、自己を啓発するためのヒント（自己成長や人生設計）が目的となり、情報収集であれば時事やトレンドの把握が目的となります。

▼自分を成長させる読書とは

目的や興味に合った本を選ぶ方法はいろいろありますが、以下も参考になります。

ひとつは、書籍サイトのレビューやランキングです。ほかの人の意見や評価を見ることで、本の内容や特徴を知ることができます。しかし、サイトによっては購入者以外も書き込めるものがあるので注意が必要です。

サンプルなども読み、同じジャンルの本を比較検討しながら自分にとって最適な本を見つけることが望ましいでしょう。知識や経験や知見を広げることができる本は、読者に多くのメリットをもたらします。

読書は、私たちの人生に多くの影響を与えるだけでなく、私たちの人格や価値観にも影響を与えます。読書で得た知識や経験や知見は、私たちの考え方や行動に反映されます。

たとえば、読書で学んだ歴史や文化や思想は、私たちの世界観や倫理観や美意識に影響を与えます。読書で感じた感動や共感や刺激は、感性や情緒や創造力に影響を与えます。

さらに、私たちの人間性を高めることができます。他者や社会について理解することで、寛容さや思いやりや協調性を身につけることができます。読書で自分自身について深く考えることで、私たちは自己認識や自己表現や自己実現を高めることができます。

自分の目的や興味に合った本を読んで読書を楽しみましょう。

ポイント

読書で知識や経験や知見を得ることができます。知識は認識による成果で、経験は行動や感情によるもので、知見は見聞によるものです。本の選びも自分なりに工夫してみましょう。

8 人生を豊かにする魅力的な本を見つけよう

私たちは、日々の生活や仕事や人間関係などにおいて、さまざまな問題や課題に直面します。そのときに、どのように考えたり行動したりするかは、考え方や価値観によって大きく影響されます。

▼読書が私たちに与えるメリットとは

読書は新しい知識や情報や視点を与えてくれます。たとえば、歴史書や科学書や哲学書などは、私たちが知らなかった事実や原理や思想を教えてくれます。これらは知識や理解力を高めるだけでなく、自分の考え方や価値観を見直すきっかけにもなります。

読書は異なる経験や感情や思想を体験させてくれます。小説やエッセイや詩集などは、自分では経験できないような人生や世界を描いてくれます。私たちの感覚や感情や想像力を刺激するだけでなく、自分の立場や感性を広げる機会にもなります。

読書は自分自身や他者や社会や世界について考えさせてくれます。たとえば、自伝や伝記や社会学書などは、私たちが尊敬する人物や興味深い現象や重要な問題について教えてくれます。これらは視野や洞察力や批判力を高めるだけでなく、自分の人生や価値や目的を見つける手助けにもなります。

読書は人生に意味や価値や目的を見出させてくれます。たとえば、正義感や美意識や幸せなど、何を大切にするかが価値観を表します。価値観は、人生のあらゆる場面で自分が何を重要視するか、どのような選択をするかの基準となります。読書は私たちの価値観を形成したり、変化させたり、確信させたりすることができます。

しかし、すべての本が私たちの考え方や価値観を深めることができるわけではありません。では、どのような本が私たちの考え方や価値観を深めることができるでしょうか。それは、自分の目的や興味に合った本を選ぶことです。

本を選ぶときは、自分が何を学びたいか、何に感動したいか、何に挑戦したいかを考えましょう。そして、その本が自分にとって魅力的であるかどうかを確かめましょう。自分にぴったりの本を見つけることができれば、読書はもっと楽しくなります。

▼目的と興味に合った本を選ぶ

読書の目的は人それぞれですが、大きく分けると以下のようなものがあります。目的と興味に合った本を選ぶことで、読書の効果が飛躍的に上がり、読書が楽しくなります。

・仕事や学習効果

必要な知識を身につけることが目的。専門分野やビジネススキルや言語学習などに関する本がおすすめです。

・趣味や娯楽

楽しく読むことが目的。小説やエッセイやコミックなどに関する本がおすすめです。

・自己啓発

自己を啓発するためのヒントを得ることが目的。自己成長や人生設計などに関する本がおすすめです。心理学や哲学や宗教などに関する本も参考になります。

・情報収集

時事やトレンドの把握をすることが目的。ニュースや社会問題や流行などに関する本がおすすめです。

興味に合った本を選ぶ方法はいろいろありますが、おすすめの本や著者を紹介する雑誌やブログやポッドキャストなどをチェックするといいでしょう。客観的な本の評価が把握できます。ベストセラーや新刊や受賞作などをチェックしたり、自分の好きなジャンルやテーマやキーワードで検索すると意外な発見があるものです。

私は、流行本、ベストセラー本、有名出版社か否か、まったく興味がありません。むしろ、そのような視点に該当しない本のほうが、「自分にとって特別な1冊」になることが多いのです。自分の目的と興味に合った本を読んで、読書を楽しみましょう。

ポイント

読書は、考え方や価値観を深める方法のひとつです。目的や興味に合った本を選ぶことで、楽しいものになります。読書は、自分の人生に知識や経験や意味や価値を与えてくれます。

9 幅広い教養はあなたの武器になる

教養を身につける最短ルートは、教科書や参考書の学び直しが効果的です。教養は、すぐに役立つ知識ではありませんが、地力になります。

▼教養がつくと問題解決力が強くなる

教養とは、問題解決力を高めるために必要な知識や思考法だと私は考えています。社会にはさまざまな課題がありますが、それらを自分の技術で解決できる人が評価されます。企業も「自ら考えて行動する」問題解決型の人材を求めています。

しかし、教養は時代とともに変化します。あなたが学んだ教養の中には、もう役に立たないものもあるでしょう。問題解決力は経験だけではなく、読書によっても向上します。

教養の幅は広いですが、まずは政治・経済から学び直すことをおすすめします。

政治・経済を学ぶことは、社会の本質を広い視野で理解することです。私たちの生活は政治の意思決定によって影響されています。政治・経済を理解することで、自分の社会での役割や良識を身につけることができます。

政治・経済を正しく理解することで、正しい判断力を養うことができます。

教養を学び直すためには、学生時代に使った教科書や参考書が役立ちます。


政治・経済を学び直す際におすすめなのが、山川出版社の一問一答シリーズです。『山川 一問一答倫理』『山川 一問一答政治・経済』『もういちど読む山川倫理』は、教科書に沿って用語や内容を網羅し、重要度別に分けています。

選択肢や筆記で問題が出されるので、知識を効果的に定着させることができます。白ページに黒字と赤字でシンプルな色使いなので、目も疲れません。


小学校の算数も、社会で役立つ基礎知識です。小学校の算数を学び直す際におすすめなのが、『小学校6年分の算数が教えられるほどよくわかる』（小杉拓也著・ベレ出版）です。

この本は、小学校の算数の教科書に準拠し、用語や内容を網羅し、重要度別に分けています。「なぜそうなるのか」その理由を丁寧に説明してくれるので、算数を深く理解することができます。

子どもに算数を教えたい大人や算数を復習したい大人に最適です。

▼古典名作を読んで教養を深める

名作や古典を読むときは、その魅力を発見するともっと楽しめます。

最初は教科書に出てくるような作品を普通に読んでみましょう。次に読むときは自分の感性で読んでみましょう。

夏目漱石の『吾輩は猫である』は、「吾輩は猫である。名前はまだない。」という有名な一文ではじまります。私は初めて読んだとき、「だ・である調」に違和感を覚えました。もう少し丁寧な言い方はないものかと。「です・ます調」だったらどうなるかと思いました。

「吾輩は猫です。名前はまだありません」

こんな感じですね。しかし、よく読んでみると、「だ・である調」のほうが音がよくて、文章に迫力があります。そして、全体を読むと、一言一句ムダがないことに気づきます。

これは大きな学びになりました。名作とは素晴らしいものだなと。

このように、名作や古典を読むときは、自分なりの解釈や感想を持つことで深掘りできます。あなたの好きな読み方で、楽しく読んでください。

ポイント

教養は問題解決力につながる知識や思考法であり、時代に応じて更新する必要があります。教科書に沿った問題集で学び直しましょう。古典や名作は自分の感性で読むといいでしょう。

第6章

読書術の本が教える、本の読み方、活かし方

1 読書術の本が明かす読書の本質

私の事務所には、日々、献本の新刊が送られてきます。多くの本は、読了後にセミナー参加者や希望者に無償で配布しています。

「読書術」の分野は私自身の関心領域でもあるので手元に置いているものもあります。

今回、出版にあたり、テーマを「読書術100冊の本から導き出された事実」というタイトルで上梓したかったのですが、これは次回作への検討とすることにしました。

リモートワークが主流になった現在、読書人口が増えたという話をよく聞きます。

「たくさんの本を読みたい」「たくさんの情報をインプットしたい」と、悩んでいるビジネスパーソンが増えているのです。

ここ数十年を見ると、読書術に関する膨大な数の出版物が刊行されています。

作家、ジャーナリストをはじめ、脳の専門家、速読術など、それぞれの読書術のプロが読書術を解説しているのです。

しかし、読者からすればどの方法論が役立つのかわからないという状況なのでしょう。バリエーションも豊富でなかには再現性が低いものも少なくありません。

私はジャンル分けの必要性を感じましたが、その前に、読書の専門家が大切だと思っているポイントをまとめ、本を読む普遍的なノウハウを抽出し整理しようと考えました。

そこで読書術関連の本の簡易分析をしてみました。

一定程度の傾向を導き出すことを目的としています。

▼書籍一覧と簡単な紹介

いま、手元に読書術の本が50冊程度あります。比較検討するにあたり、古すぎるものや、内容が極端に飛躍しているもの、自己啓発、スピリチュアル要素が強いものを除外しました。このなかから、分析に使用した書籍36冊を以下にリストで紹介します。

1『本を読む本』（J・モーティマー・アドラー著／講談社／1997）

読書の本質と技法を深く掘り下げた名著です。読書の本来の意味と価値を教えてくれる本です。レベルに応じた読み方が紹介されており、要となる技術や注意点が説明されています。

この本を読めば、読書力を高めることができるだけでなく良書と出会えるでしょう。

2『大人のスピード勉強法』（中谷彰宏著／ダイヤモンド社／2005）

ベストセラー作家の中谷さんが自分の読書法やおすすめ本を公開した本です。仕事やつきあいなどで時間がない大人のための勉強法。この方法で、本から知識や教養を効率よくインプットし、アウトプットすることができる。その技法とおすすめ本を明かします。

3『レバレッジリーディング』（本田直之著／東洋経済新報社／2006）

『レバレッジリーディング』は、ビジネス書を多読することで最大の自己投資を行う方法を紹介した本です。読書後のアウトプットが重要であり、訓練不要で効率的な読書法を提案しています。本の選び方からメモのつくり方まで具体的なノウハウが豊富です。

4『ビジネス選書&読書術』（藤井孝一著／日本実業出版社／2008）

年間300冊のビジネス書を読破するプロ書評家である著者が、読むべき本の選び方や効率的な読み方を教えてくれる本です。本から得た知識や気づきを仕事に活用する方法を解説しています。速読法や要約法、メモ法などが紹介されています。

5『フォーカスリーディング』（寺田昌嗣著／PHP研究所／2008）

読書の効果を最大化するための速読術を紹介した本です。読書の効果をアップさせ実践スキルを紹介しています。従来の読書の常識を覆し、スピードと理解を両立させた読書法の身に付け方をトレーニングの形式で学ぶことが可能です。

6『READING HACKS! 読書ハック!』（原尻淳一著／東洋経済新報社／2008）

自ら開発した「読む力」と「地頭力」を身につける読書法を紹介しています。本を読む目的を定めて、必要な情報だけをピックアップする方法を紹介しています。また、技術を要するものではなく、文字情報処理の効率を驚異的に高めることができます。

7『読書は1冊のノートにまとめなさい』（奥野宣之著／ナナ・コーポレート・コミュニケーションズ／2008）

独自の情報整理術や知的生産術がビジネスパーソンを中心に支持を集めた著者が、自ら開発した「読む力」と「地頭力」を身につける読書法を紹介しています。このテクニックは、技術を要するものではなく、本に整理した内容を自分の財産にするための読書術です。

8『1日集中！ 速読力トレーニング』（今村洋一著／アスカ・エフ・プロダクツ／2008）

オリジナル読書法「フォームとギアチェンジ」を紹介しています。必要な情報だけをピックアップする読書法です。この方法で、速く読めて覚えられるという効果が得られます。フォームとギアチェンジという独自の読書法で速読の世界を体験することが可能です。

9『いつも目標達成している人の読書術』（丸山純孝著／明日香出版社／2008）

自ら開発した読書法を紹介しています。本を読む目的を定めて、必要な情報だけをピックアップする読書法が理想です。この方法で、本から知識やスキルを効率よくインプットし、アウトプットすることができます。人気書評メルマガの著者が教える実践的な読書術といえます。

10『「読書力」養成講座』（小宮一慶著／ディスカバー・トゥエンティワン／2008）

経営コンサルタントであり、ベストセラー作家の著者が、自分の読書法やおすすめ本を公開した本です。養成講座とは、目的に応じて5つの読書法を使い分ける読書法です。この方法で、本から知識やスキルを効率よくインプットし、アウトプットすることが可能になります。

11『新版 あなたもいままでの10倍速く本が読める』（ポール R・シーリィ著／フォレスト出版／

２００９）
「フォトリーディング」が進化した本です。本のページをパラパラめくり、文書を脳に写し取る読書法です。この方法で、本から知識やスキルを効率よくインプットし、アウトプットすることが可能です。米国一流企業社員が研修する最強のビジネスツールの進化版。

12『出口式ロジカル・リーディング』（出口汪著／インデックスコミュニケーションズ／２００９）
「出口式ロジカル・リーディング」とは、本を読む目的を定めて、必要な情報だけをピックアップする読書法です。この方法で、本から知識やスキルを効率よくインプットし、アウトプットすることが可能となります。人気予備校講師が教える頭の使い方が変わる読書術。

13『アウトプットリーディング』（小林亮介著／マガジンハウス／２０１０）
「アウトプットリーディング」は、司法書士の著者が自らの読書体験やおすすめの本を通して、本を読むことで仕事と人生に与える影響や効果を解説した本です。インプットよりもアウトプットを優先し、ＴｗｉｔｔｅｒやＥｖｅｒｎｏｔｅなどのツールを活用した読書テクニックを紹介しています。

14『読書の技法』（佐藤優著／東洋経済新報社／2012）

平均300冊、多い月は500冊以上を読破する佐藤流「本の読み方」を公開した本です。読書の技法とは、本を読む目的を定めて、必要な情報だけをピックアップする読書法。この方法で、本から知識やスキルを効率よくインプットし、アウトプットすることができます。

15『1年後に夢をかなえる読書術』（間川清著／フォレスト出版／2012）

本を読んで夢をかなえる方法を教えてくれる本です。また、本を読むだけではなく、その内容を行動に移すことが必要だと説いています。本から学ぶためには、簡単なテクニックを使うことが効果的であるとの主張をしています。

16『大人のための読書の全技術』（齋藤孝著／KADOKAWA・中経出版／2014）

著者が自らの経験と研究に基づいて、読書に必要な技術を網羅的に教えてくれる本です。読書スピードを自在にコントロールしながら、本の内容を要約できるレベルで理解することを目標としています。いつくかの速読法も紹介されています。

17『ビジネスに効く最強の「読書」』（出口明著／日経BP社／2014）

ライフネット生命の会長（当時）であり、年間400冊以上を読むという著者の読書法やおすすめ本を公開した本です。また、テーマごとに本が紹介されています。この方法で、本から知識や教養を効率よくインプットし、アウトプットすることができます。

18『喰らう読書術』（荒俣宏著／ワニブックス／2014）

数々の異名を持つ著者が、何千、何万冊と本を読むなかで得た、「アラマタ流読書術」をはじめて紹介した本です。本から知識や教養を美味しくインプットし、アウトプットする読書法です。頭の缶詰（本）を食べ（読み）、頭の栄養にすることが可能となります。

19『どんな本でも大量に読める「速読」の本』（宇都出雅巳著／大和書房／2014）

速読教室を開校した著者が速読法やおすすめ本を公開した本です。KTK法という大量に読める「速読」の本とは、目の使い方や文字の追い方を工夫する読書法です。この方法で、本から知識やスキルを効率よくインプットし、アウトプットすることが可能となります。

20『「深読み」読書術』（白取春彦著／三笠書房／2015）

本を行間まで深く読み取り、自分の頭のなかで整理する方法を教えてくれる本です。本の行間を読み取り、頭に整理する読書法です。この方法を実践することで、人生のヒントを見つけて活用することができます。読書で人生が変わるという考え方が示されています。

21『頭は「本の読み方」で磨かれる』（茂木健一郎著／三笠書房／2015）

脳科学者の著者が、読書体験やおすすめの本を紹介しながら、読書がどのように脳や人生に影響するかを説明した本です。重要そうな部分を先に読んだり、同時進行で複数の本を読んだり、最終的には自分に合った読み方を見つけることが大切だとも述べています。

22『1冊20分、読まずに「わかる！」すごい読書術』（渡邊康弘著／サンマーク出版／2016）

レゾナンスリーディングとは、本を読む目的を定めて、必要な情報だけを1枚の紙に書き出す読書法です。この方法で、本を読まずに内容を理解し、自分の問題解決や仕事のアイデアに役立てることが可能となります。最新の脳科学に基づいた画期的な読書法としています。

23『一流の人は、本のどこに線を引いているのか』（土井英司著／サンマーク出版／2016）

日本一のビジネス書評メルマガ『ビジネスブックマラソン』の編集長であり、世界的なベストセラーを世に送り出したカリスマプロデューサーでもある著者が、自分の読書法やおすすめ本を公開した本です。訓練不要で、自分の未来を拓く「1行」を見つける読書法です。

24『僕らが毎日やっている最強の読み方』（池上彰・佐藤優著／東洋経済新報社／2016）

ジャーナリストの池上彰氏と作家の佐藤優氏が、自分たちが毎日実践している読み方を公開した本です。新聞、雑誌、ネット、書籍など多様なメディアをどう使いこなすかを具体的に解説しています。知識と教養を効率よくインプットし、アウトプットすることができます。

25『都合のいい読書術』（神田昌典著／PHP研究所／2017）

マーケターで作家の著者が、自ら開発した「読む力」と「地頭力」を身につける読書法を紹介しています。このテクニックは、必要な情報だけをピックアップする読書法です。知識やアイデアを効率よくインプットし、アウトプットする、AI時代に飛躍する読書術といえます。

26『モテる読書術』（長倉顕太著／すばる舎／2018）

カリスマコンサルタントとしても活躍する著者が、人にもお金にも運にもモテる読書法を公開した本です。本を読む目的を定めて、必要な情報だけをピックアップする方法で得ることができます。人にもお金にも運にもモテる劇薬的・読書スキルです。

27『「1冊日10分」で読める速読術』（佐々木豊文著／三笠書房／2010）

速読教室を開校した著者が、自分の速読法やおすすめ本を公開した本です。目の使い方や文字の追い方を工夫することで、読む速度と理解力を高める方法で得ることができます。効率よくインプットし、アウトプットすることができる技法を明かします。

28『瞬読』（山中恵美子著／SBクリエイティブ／2018）

画期的な読書法「瞬読」を紹介しています。この本は、インプットを重視しており、本を最初から最後まで読まなくても、目に入った情報を右脳でひらめき、左脳で言語化する方法で得ることができます。自分の問題解決や仕事のアイデアに役立てることができます。

29『東大読書』（西岡壱誠著／東洋経済新報社／2018）

東大に合格した著者が、自ら開発した「読む力」と「地頭力」を身につける読書法を紹介しています。本を読む目的を定めて、必要な情報だけをピックアップする読書法です。この方法で、速く読める、内容を忘れない、応用できるという効果が得られます。

30『すごい読書術』（角田和将著／ダイヤモンド社／2018）

すごい読書術とは、本を読む目的を定めて、必要な情報だけをピックアップする読書法です。「パラパラとページをめくるだけで、すべて頭に入ってくる」といったような読書術ではなく、正しい速読理論を知りトレーニングでさらに伸ばしていくことが必要だとしています。

31『読まずにすませる読書術』（鎌田浩毅著／SBクリエイティブ／2019）

京都大学の人気教授で火山学者の著者が、高校までの授業になかった「本の読み方」を講義する本です。技術を要するものではなく、誰でも簡単にできるものです。本を読む目的を定めて、必要な情報だけをピックアップする方法を解説しています。理系の読書術です。

32『知識を操る超読書術』（メンタリストDaiGo著／かんき出版／2019）

著者が毎日10〜20冊の本を読むために実践している読書術を解説した本です。読書の成果は「数」ではなく「質」で決まるといっており、読む前の「準備」や読んだ後の「アウトプット」が重要だとしています。簡単にできるテクニックも紹介しています。

33『理系読書』（犬塚壮志著／ダイヤモンド社／2020）

元予備校教師の著者が自ら開発した「読む力」と「地頭力」を身につける読書法を紹介しています。この本は、インプットとアウトプットのバランスを重視し、自らの弱点の克服が大切だとしています。文系が知らない「理系の読み方」がキャッチです。

34『記憶力と思考力を高める読書の技術』（木山泰嗣著／日本実業出版社／2020）

弁護士から大学教授に転身した著者が、自分の読書法やおすすめ本を公開した本です。記憶力と思考力を高める読書の技術とは、本を読む目的を定めて、必要な情報だけをピックアップする読書法です。そのテクニックとおすすめ本を明かします。

35『読む力最新スキル大全』（佐々木俊尚著／東洋経済新報社／2022）

スマホ時代に必要な「新しい読み方」を紹介した本です。著者は、ネットやSNSでの情報収集や選別、書籍の見つけ方や読み方、情報整理やアウトプットの方法など、知的生産の全ノウハウを公開しています。アウトプットを優先したSNS活用方法を解説しています。

36『読書脳』（樺沢紫苑著／サンマーク出版／2023）

精神科医で作家の著者が、自ら開発した「読む力」と「地頭力」を身につける読書法を紹介しています。この本は、インプットとアウトプットのバランスを重視しており、本を読む目的を定めて必要な情報をピックアップすることができます。AI時代の読書術です。

2 読書術の本の分析と5分類

▼読書術の本は5体系に分類できる

今回紹介した読書術に関する36冊の本はいくつかの視点で分けることが可能です。

そこで私は5分類に整理してみました。もちろん、細分化することも可能ですが、最初は大きなくくりにしたほうがわかりやすいでしょう。

私は読書術に関する36冊の形態を以下の5つに分類しました。

①「読書のスキルやテクニックを向上させるもの」
②「読書の効果やメリットを紹介するもの」
③「読書の速度や効率を高めるもの」
④「読書の内容や理解度を深めるもの」
⑤「読書の習慣や環境に焦点を当てたもの」

① 読書の目的や効果、魅力に焦点を当てたもの／読書のスキルやテクニックを向上させる

1	『本を読む本』J・モーティマー・アドラー、V・チャールズ・ドーレン著・外山滋比古、槇未知子訳／講談社／1997
3	『レバレッジリーディング』本田直之著／東洋経済新報社／2006
11	『新版 あなたもいままでの10倍速く本が読める』ポール R.シーリィ著、神田昌典 読み手、井上久美訳／フォレスト出版／2009
12	『出口式ロジカル・リーディング』出口汪著／インデックスコミュニケーションズ／2009
14	『読書の技法』佐藤優著／東洋経済新報社／2012
21	『頭は「本の読み方」で磨かれる』茂木健一郎著／三笠書房／2015
32	『知識を操る超読書術』メンタリストDaiGo著／かんき出版／2019

② 読書の目的や効果、魅力に焦点を当てたもの／読書の効果やメリットを紹介

6	『READING HACKS! 読書ハック！』／原尻淳一著／東洋経済新報社／2008
7	『読書は1冊のノートにまとめなさい』奥野宣之著／ナナ・コーポレート・コミュニケーション／2008
9	『いつも目標達成している人の読書術』丸山純孝著／明日香出版社／2008
15	『1年後に夢をかなえる読書術』間川清著／フォレスト出版／2012
17	『ビジネスに効く最強の「読書」』出口明著／日経BP社／2014
18	『喰らう読書術』荒俣宏／ワニブックス／2014
24	『僕らが毎日やっている最強の読み方』池上彰・佐藤優著／東洋経済新報社／2016
26	『モテる読書術』長倉顕太著／すばる舎／2018
36	『読書脳』樺沢紫苑著／サンマーク出版／2023

③　読書の方法や技術に焦点を当てたもの／読書の速度や効率を高める

16	『大人のための読書の全技術』齋藤孝著／ KADOKAWA・中経出版／ 2014
19	『どんな本でも大量に読める「速読」の本』宇都出雅巳著／大和書房／ 2014
27	『「1冊10分」で読める速読術』佐々木豊文著／三笠書房／ 2010
28	『瞬読』山中恵美子著／ SBクリエイティブ／ 2018
31	『読まずにすませる読書術』鎌田浩毅著／ SBクリエイティブ／ 2019

④　読書の方法や技術に焦点を当てたもの／読書の内容や理解度を深める

2	『大人のスピード勉強法』中谷彰宏著／ダイヤモンド社／ 2005
4	『ビジネス選書＆読書術』藤井孝一著／日本実業出版社／ 2008
5	『フォーカスリーディング』寺田昌嗣著／ PHP研究所／ 2008
10	『「読書力」養成講座』小宮一慶著／ディスカバー・トゥエンティワン／ 2008
13	『アウトプットリーディング』小林亮介著／マガジンハウス／ 2010
20	『「深読み」読書術』白取春彦著／三笠書房／ 2015
22	『1冊20分、読まずに「わかる！」すごい読書術』渡邊康弘著／サンマーク出版／ 2016
34	『記憶力と思考力を高める読書の技術』木山泰嗣著／日本実業出版社／ 2020
35	『読む力最新スキル大全』佐々木俊尚著／東洋経済新報社／ 2022

⑤　読書の習慣や環境に焦点を当てたもの

8	『1日集中！速読力トレーニング』今村洋一著／アスカ・エフ・プロダクツ／ 2008
23	『一流の人は、本のどこに線を引いているのか』土井英司著／サンマーク出版／ 2016
25	『都合のいい読書術』神田昌典著／ PHP研究所／ 2017
29	『東大読書』西岡壱誠著／東洋経済新報社／ 2018
30	『すごい読書術』角田和将著／ダイヤモンド社／ 2018
33	『理系読書』犬塚壮志著／ダイヤモンド社／ 2020

読書術に関するこれらの本で共通しているのは、「**読書は人生や仕事に役立つ**」**というメッセージです**。どの本も実践的で具体的なアドバイスや例を多く用いており、読了後に読者が実践しやすいように構成されています。

著者自身に豊富なバックボーンと豊かな読書経験や知識がある点も同じくですが、それは読書術には専門性の高いスキルが必要になるからです。もし著者が、読者に信頼感や尊敬感を与えられる専門スキルを持ち得なければ著者としては成立しないでしょう。

▼36冊の良著のなかでも読書術のベスト3は

読書術の著者たちは、異なる分野や職業に従事しているため、その専門性や経験が読書術に反映されています。それぞれ違う立場において読書をとらえながら、それぞれの立場で読書の目的や効果を強調しているので、価値観や人生経験が読書術に反映されています。

読者もそれに呼応し、著者の立場に共感した人が購入しています。

読者の購入目的はそれぞれなので、36冊のなかからベスト3を選んでみました。ポイントは以下です。

- **ほかの作品を読む前に本書を読むと学びが深くなる。**
- **本を読むことの大切さを理解し、読んだら忘れないテクニックが書かれている。**
- **読書が苦手な人でも、どのようなステップを踏めば、読書脳を手に入れることができるか、についても詳しく語られている。**

この3冊を読めば、読書術の潮流は理解できると思います。なお、私の本も、読者の皆さんの手本となることを期待していますので、真摯な評価をお願いいたします。

①『読書の技法』（佐藤優著／東洋経済新報社／2012）

すべてのビジネスパーソンが読むべき1冊。たくさん読み、より効果を出す読書方法が述べられており、引用も多く、参考資料が豊富。熟読と速読の双方について解説しているが、アウトプット重視。読書術の最高峰といっても過言ではない。

②『知識を操る超読書術』（メンタリストDaiGo著／かんき出版／2019）

読書術の入門編として理想的な1冊。技法よりも読書に向かう姿勢が役立つ。得たい知識が記載される箇所を優先して読むスキミング読書を推奨。じつは、スキミングは私も取り入れている読み方。量をこなせばスキミング力はアップし読書力も必ずアップする。

③『**読書脳**』(樺沢紫苑著／サンマーク出版／2023)

ほかの作品を読む前に本書を読むと学びが深くなる。本を読むことの大切さを理解し、読んだら忘れないテクニックが書かれている。読書が苦手な人でも、どのようなステップを踏めば、読書脳を手に入れることができるか、についても詳しく語られている。

▼著者が採用している理論やモデル

大変興味深いのは、各々がオリジナルメソッドであることを強調している点です。しかし、その多くは名称を変更しただけで、どれもが過去に流行った既出モデルであり内容も酷似しています。

実践には特別なスキルが必要とされ、検証も難しいという問題点が残ります。読書術の多くは検証不十分なものが多く、一般性を持つものが少ないといえます。

なお、本章に用いたのは36冊であり不足感は否めません。限られた条件下で導き出された結論であり、一般的な結論ではないことを付記しておきます。次のセクションでは、速読の系譜について先行研究を交えながら分析してみました。

ポイント

読書術の本には、「読書は人生や仕事に役立つというメッセージ」が込められています。読書の目的や効果や魅力、方法や技術、習慣や環境に分類できるという作業仮説を設定します。

3 速読術の系譜を観察してみよう

ちまたに出回っているいわゆる速読術を検証していきます。歴史は古くからありますが日本に爆発的なブームを引き起こしたものに「フォトリーディング」がありました。

▼フォトリーディングに関する研究

これは、アメリカで開発された読書法のひとつで1ページを1秒で見て脳に本の情報を写し取るというものです。ポール・シーリィ博士によって1985年に開発されました。日本では神田昌典氏が2001年に紹介し爆発的なヒットを記録します。

次のような興味深い研究があります。これは、1999年に米国のオールド・ドミニオン大学で実際に行われた研究です。150人の男女を対象にRCT（ランダム比較研究）を行いました。このうち、半分の人たちにフォトリーディングのレクチャーを行い、そのうえで読書スピードにどれぐらい差が出るのかということを調べました。

結果、フォトリーディングは通常の読書と同等かそれ以下であると示されました。オールド・ドミニオン大の研究者はフォトリーディングについて否定的な結論を導いています。

フォトリーディングをマスターするのは簡単ではないので、「習熟度が足りなかったのではないか？」「間違いなく効果がある方法だ」など、いろいろな意見があるかも知れませんが、ここでもうひとつ興味深い研究を紹介します。

2016年にカルフォルニア大学が文献レビューを行い、速読は可能なのか検証しました。この論文では、過去の速読に関する先行研究を検証し、**速読はただの飛ばし読みであり高い理解力を維持しながら速く読むことはできないと結論づけました。**

この論文は、現時点における速読リサーチの集大成といっていいでしょう。英文ですが、翻訳ソフトで和訳にできます。関心のある方はぜひお読みください。

研究発表ですから、批判的な意見、肯定的な意見、いろいろあると思います。いくつかを比較検討すべきとの意見もあると思います。まったく、その通りなのですが、フォトリーディングや速読を肯定する研究発表は少ないため、有意なものを発見することができませんでした。詳しい方がいましたらぜひ教えてください。

▼速読を左右するのはなんなのか

この研究は、2000年にオハイオ州立大学が実施したものです。研究ではいくつかのことがわかりましたが、ここでは、「読書に関連するもの」を紹介します。まず、135人の遺伝子が同じの双子の一卵性双生児と、179人の遺伝子が違う双子の二卵性双生児を対象に、読書スキルがどこまで遺伝子に左右されるのかということを調べました。

その結果、読書理解力や聴き取り理解力は遺伝的要因と環境的要因の両方に影響されることが示されました。興味深いのは「**読書スピードは4分の3（75%）が遺伝子で決まる**」と**いう点です。遺伝で読書スピードが速い人がいたとすると、その人はすでに遺伝で決まってしまっているということです。**もし、ちまたに、速読チャンピオンみたいな人がいたとすればそれは、速読遺伝子に恵まれているという仮説がすぐに成り立つでしょう。

「速読は後天的に延ばすことができる」「だから速読は正しい」と主張する人もいるでしょう。しかし、立証された文献があまりに少ないのです。固有名詞こそ、出しませんが、速読術をうたう講座には1冊を1分で読むというものがかなりあります。

いままで、1冊を読むことに、1時間（60分）かかっていたら、60分の1になります。2時間（120分）かかっていたとしたら、120分の1になるわけです。

私はこのような講座の多くは眉唾モノだと考えています。読書スピードを実際に測ることは困難です。テレビ番組などで実演して本をパラパラしているのがありますが確認する術はありません。

▼読書力をアップさせるのはスキミング力

さて、読書スピードが速くない人が読書スピードをアップさせるにはどうしたらいいでしょうか。残りの25%を鍛えるしかありません。では、25%とはなんなのでしょうか？　私は、「スキミング力」だと考えています。スキミング力とは、文章の内容をざっくりと把握するための読解力のことです。スキミングとは、英語のskimming（すくい取る）という単語からきており、文章のなかから大事な部分だけをすくい取るように読むことです。

スキミング力を身につけることのメリットは3つあります。

①長い文章や難しい文章でも、要点や大まかな意味を素早く理解できる。

②読みたい情報や興味のある情報を効率的に探せる。

③読書量や読書速度を増やし読解力や記憶力を向上させる。

私が本書のなかで紹介している「3分の1リーディング」もスキミング読みに近いものです。また本書で紹介している、「タイポグリセミア現象」は、文章の構造やパターンを理解しているから発生します。

単語だけでも、拾って、文章を拾って頭のなかで繋げればひとつの意味になります。見出しやリード文、結論などに注目することもスキミング力アップに役立ちます。

読んだ本の要約を書いたり、他人に伝えたりすることでスキミング力を鍛えることができます。思い出してください、あなたは、新聞をどのように読んでいますか？　一言一句をすべて追っていますか？　きっと飛ばし読みでスキミングしているはずです。

▼悪徳不動産コンサルに要注意

不動産のカリスマと呼ばれる人たちがいます。本を何冊も出しているのでカリスマと呼ばれていますが、彼らのなかには悪質な人が多いのです。最初に「不動産投資家募集」をうたい登録させます。登録時点でかなりの費用がかかるのがポイントです。

「私が、新築のアパートを建てたい人を全力で応援します。私が土地を見つけてくるので、その土地を購入して、紹介した業者を使いアパートを建設します。あとは、うまく利回りができるように運営するだけです。超簡単ですよね？」

こんな具合ですから情弱な人はすぐに騙されてしまします。最後は負債だけが残ります。どうにかして不動産を所有したいという欲求につけ入るのです。コンサルを崇拝しているかいわれるがままになる可能性が高いのも特徴です。

確実に儲かる物件があった場合、それが一般に出回ることは理論的に考えられません。本当にそんなにおいしい物件があるなら、私なら他人には紹介せずに自分で購入するでしょう。目利きの能力を鍛えなければいけません。

すべてとはいいませんが、速読ビジネスに同じようなきな臭さを感じるのはなぜでしょうか。私が人より100倍速く本を読むことができる魔法を手にしたら、他人には絶対教えないと思います。ありとあらゆる情報をインプットしてビジネスに応用するでしょう。

司法試験予備試験を経て司法試験を目指したり、東大を受験しても面白いでしょう。弁護士資格、東大合格が簡単に実現できるようになったら、それをビジネスに転用できます。

おそらく、日本全国の予備校を傘下に収めることができるでしょう。

ところが、速読ができるという人たちは、そのスキルをわざわざ他人に教えようとします。魔訶不思議です。

人は目に見えない力をほしがりますが、そんな簡単なものはないと考えています。

なお、速読術は消費者庁や国民生活センターで問題になったことがあります。

不当な勧誘や契約に関するトラブル、効果について科学的な根拠が不十分であるなどの情報提供も行っているからです。速読に関心がある方は、十分な情報収集が必要です。

4 読書術の本の選び方、読み方のコツ

読書術を説く本は、古典的な名著から最近の話題作まで数多くあります。いくつかの形態で分類することは可能ですが、はじめての方でもわかりやすい方法をお教えします。

【図1】のチャートの軸は「インプット優先⇕アウトプット優先」「技術が必要⇕技術不要」の2軸でマッピングするとわかりやすいと思います。

▼あなたにはどんな読書術が向いている？

速読術の本は、【図1】の右上の［速読・早く読みたい系］にプロットされます。

近年流行りのメモ術に関する本や、仕事で活かしたい、日常で活かしたい人には左下の［仕事・日常で活用形］。情報発信やニュースに寄稿したい、発信力を高めたいなら右下の［コラムニスト・ライター系］。インプット好きで何も残さない人は左上の［読書好き・読書マニア系］になるでしょう。

そして、最近ニーズの高いものが、速読、メモ&ライティングになります。メモ術のベス

⬆インプット

［読書好き・読書マニア系］	［速読・早く読みたい系］
① 自分のペースで読みたい ② 自分の知らない世界や知識に関心 ③ 読書から新しい発見や学びがほしい ④ 想像力豊かで読書の追体験が好き ⑤ 読書でリラックスするのが好き	① 多くの情報を短時間で入手したい ② 熟読・精読は効果的ではない ③ 元々読書好きで本に対する免疫が強い ④ 目の動きや呼吸法など身体的テクに関心 ⑤ 右脳活用など、脳の機能やイメージに関心
［仕事・日常で活用系］	**［コラムニスト・ライター系］**
① 学習意欲が高く能力を向上させたい ② 読書以外にほかの教材も積極的に利用 ③ すぐに試してみたり仕事や生活に応用 ④ 買った本の内容に不満でも気にならない ⑤ 読書好きの友人が社内外に多い	① 読書後のアウトプットの重要を理解 ② アウトプットをマネタイズしたい ③ 知的好奇心が旺盛である ④ 自分の考えを伝えることに喜びを感じる ⑤ 読書術の学びをいろいろと転用したい

アウトプット⬇

⬅技術が不要　　技術が必要➡

【図1】

トセラー本も誕生していますが、一般的にはそこまでのボリュームはないと思います。

まず本を選ぶ際には、自分が何を欲しているのか理解して購入するとムダにならないと思います。自分が本とどのように向き合いたいのかを明らかにすることが大切です。

このプロットに正解はありません。

あくまでも簡易的に分類しやすいように作成したものでこれをたたき台にして、ご自身で使いやすいように分類し加筆してご活用ください。

▼最後は自分の目で確かめよう

いくらプロットしても悪書を引いてしまったら時間のムダになります。

たとえば、問題解決のツールとして本を読むとしたら、ハウツー本が中心になるでしょう。しかし、表面的なテクニックに終始した中身の薄い本も大量に出版されています。有名出版社の場合は、一定水準の質を担保していることが多いですが絶対とはいいきれません。ハウツーは役に立つようにみえますが振り回されるリスクもあるので注意が必要です。

最近は朝活を推奨する本が増えました。「朝5時に起きて散歩をすれば一日が快適で仕事の効率もアップする」と書かれていたとします。

たしかにその効果はあるかも知れませんが、ビジネスパーソン全員が当てはまるわけではありません。

また、体質的に夜型の人もいるでしょう。それを無視して本に書いてあるとおりに実践しても、なかなか効果は出ないと思います。効果どころか、マイナス影響があるかもしれません。

そのため、表面的ではなくその裏側にある事実を見るようにしてください。

事実をつかめることができれば応用が可能です。では、事実とは何か？　それは、著者が読者を必要以上に煽っていないことです。

危機感を必要以上に煽ったり、根拠に基づいていないものは価値がありません。その態様は「はじめに」「おわりに」を読めば理解できます。

逆に買いたくなるのは著者の実体が見える本です。

松下幸之助の『道をひらく』（ＰＨＰ研究所）や、稲森和夫の『生き方』（サンマーク出版）は、経営者として哲学を貫いてきた人の生き方ですから深みがあります。その考え方に触れることで気持ちを奮い立たせたり仕事に活かしたい人に支持されるのでしょう。バイブルとしている経営者が多いこともうなづけます。

どんな本が役に立つのかは、人によって違います。まず、自分の目で確かめることです。

あなたが心を豊かにする「**素晴らしい1冊**」に出会えることをお祈りしています。

おわりに

本書をお読みいただきありがとうございました。

本書のテーマは2つありました。ひとつがアンチテーゼです。世の中にはびこる読書術を遠慮なく独自目線で評価しました。

もうひとつは、シンプル&エレガンスです。その昔、日本でも西洋でも、出版物は白い紙に黒のインクで書かれていました。歴史的にインパクトのある発見や発明、歴史の交渉や締結、作品も白い紙に黒のインクです。

そのため、この本はシンプルに構成することを意識しました。本文とカバーは白と黒を基調にスミ1Cとし、極限までシンプルさを追求しました。そして、最後に思いのたけを吐き出すことができました。

何者でもない私が、22冊も出版できたのですから、著者としては幸せだったと思います。

in the end,

私にはライフワークとしている活動があります。アスカ王国という障害者支援活動です。現在でも行政や自治体をはじめ、多くの関係者に支えられています。

障害者支援の活動をはじめるきっかけになった出来事があります。それは私が15歳のときの、ある少年との出会いでした。

彼は私と同い年でふっくらとした頬と笑顔に特徴がありました。そしてお気に入りの芸人のブロマイドを持ち歩く普通の中学生でした。私と異なっていたことは筋ジストロフィーを患っていた点です。すでに余命は1年と宣告されていました。

この年の活動は八丈島で開催され、約100名の障害者が参加していましたが、彼は八丈島にそびえ立つ八丈富士を登りたいといいます。ボランティアに支えられて2時間をかけて頂上に登り眼下の青い海を見ながら、「これが最後だろうな……」と呟きました。そして16歳を前にした同年12月に彼は旅立ちます。

余命1年と知りながら、なぜあそこまで意識を強く持てるんだろう？　同年代だった私は、大きな衝撃を受けました。彼の姿は、今でも私の瞼に焼きついて離れません。

当時、私はある事件に巻き込まれていました。そして、最終的に中学3年を留年するという決断をしました。区立中学で中学3年をやり直すなど通常では考えられないことでしょう。しかしその選択肢しか残されていませんでした。

周囲は反対をしました。前例がないためです。文科省に高校留年者の進路をまとめた資料があります。それによれば、留年した生徒の多くは、「クラスに馴染めずそのまま退学する」「卒業後は就職する」ケースがほとんどでした。大学進学者は皆無に近かったと記憶しています。私は、中学留年になりますから前例がありません。

当時、大学に進学したいという希望がありました。専門家には、「留年したら大学進学などできない」「そんなことをしたら二度と立ち上がることができない」といわれました。しかし、留年は自らの視点を広げる機会だと考えていました。新しい世界は、経験したことのない考え方やモノの見方を教えてくれると考えていたのです。

このような心境にいたったのは読書の影響だと思います。すでに、カーネギー、マーフィーなどの自己啓発、松下幸之助の経営書を読破していました。中学生に内容が正しく理解できたとは思っていません。しかし、ニュアンスは伝わってきました。人生における1年など大したことないと考えていたのです。

また、留年という決定は私の潔白を意味しました。中学校卒業後は無事に、高校〜大学に進学しました。その後、大学院に進学し、経済学と経営学を修了してダブルマスター（経済学修士、経営学修士）も取得しました。

本も22冊出版し、発信力の高い識者として紹介される機会も増えました。上場企業や事業会社の役員もそれなりに経験しました。まだ何者にもなれていませんが、いまを楽しんでいます。結果的に私のパスは専門家の予想を裏切る結果になりました。

ご興味のある方は、「アゴラ」に投稿した記事をお読みください。『もしも学校内の事件に巻き込まれたら？　転校生のバットと私の記憶』https://agora-web.jp/archives/231102015103.html

さいごに

表彰された小学校2年生からはじまり、いまや読書は生活の一部となっています。これまで、多くの人に助けられました。橋本正先生（日本ユニセフ協会専務理事）、野上芳彦先生（京都精華大学名誉教授）、田巻義孝先生（信州大学名誉教授）、三友雅夫先生（立正大学教授）、木谷宜弘先生（淑徳大学教授）、望月一靖先生（関妙山善性寺住職）、発地信博社長（真心一途の宿 ほてる木の芽坂）、高橋伸明さん（ミュージシャン、トランザムボーカル）。皆さまの、あたたかいご支援があり、いまの私があります。この場を借りて哀悼の意を表し、心からの御礼を申し上げます。

今回の出版では、藤岡比左志さん（WAVE出版顧問、ダイヤモンド・ビッグ社元代表取締役社長、ダイヤモンド社元取締役）には企画段階から大変お世話になりました。本書の編集を担当した、ヤマモトカウンシルの中嶋愛さん、代表の山本貴政さん、ありがとうございました。企画立案のヒントをくれた、下間都代子さん（ナレーター、FM802元アナウンサー）、大変お世話になり、ありがとうございました。櫻庭優子さんにも御礼申し上げます。

中野区議会議員の、斉藤ゆりさん、杉山司さん、中野区教育委員会指導室の皆様にも御礼申し上げます。友人の、板橋昭平さん（映像クリエイター／中野三中）、佐々木功二さん（Members Club K代表／中野二中）。40年近くのつき合いになりますが、いつもありがとうございます。小﨑祥道さん（天守君山願成就院住職）にも御礼申し上げます。最後に、育ててくれた両親に感謝の意を申し上げます。

運命とは、不思議なものです。私は50代になり、自分の命が何かにつながっていることを感じるようになりました。それは、読書の力です。読書は、自分だけでなく、周りの人々も幸せにする魔法のようなものです。いま、私はその魔法のバトンをあなたに渡したいと思います。あなたも読書を通して幸せになり、周りに幸せの輪を広げてください。

あなたの活躍と勇気に心から感謝します。

『摩天楼より新緑がパセリほど』を詠みながら

尾藤克之

●参考文献

『アウトプットリーディング』小林亮介著／マガジンハウス

『頭がいい人の読書術』尾藤克之著／すばる舎

『頭が良くなり、結果も出る！モテる読書術』／長倉顕太著／すばる舎

『頭は「本の読み方」で磨かれる 見えてくるものが変わる70冊』茂木健一郎著／三笠書房

『1日集中！ 速読力トレーニング』今村洋一著／アスカ・エフ・プロダクツ

『1年後に夢をかなえる読書術』間川清著／フォレスト出版

『一流の人は、本のどこに線を引いているのか』土井英司著／サンマーク出版

『1冊3分で読めて、99%忘れない読書術 瞬読』山中恵美子著／SBクリエイティブ

『「1冊10分」で読める速読術』佐々木豊文著／三笠書房

『1冊20分、読まずに「わかる！」すごい読書術』渡邊康弘著／サンマーク出版

『いつも目標達成している人の読書術』丸山純孝著／明日香出版社

『大人のスピード勉強法』中谷彰宏著／ダイヤモンド社

『大人のための読書の全技術』齋藤孝著／KADOKAWA・中経出版

『記憶力と思考力を高める読書の技術』木山泰嗣著／日本実業出版社

『喰らう読書術 一番おもしろい本の読み方』荒俣宏著／ワニブックス

『現代病「集中できない」を知力に変える 読む力 最新スキル大全 脳が超スピード化し、しかもクリエイティブに動き出す！』佐々木俊尚著／東洋経済新報社

『3行で人の心を動かす文章術』尾藤克之著／WAVE出版

『15分あれば喫茶店に入りなさい』齋藤孝著／幻冬舎

『小学校6年分の算数が教えられるほどよくわかる』小杉拓也著／ベレ出版

『新版 あなたもいままでの10倍速く本が読める』ポール R.シーリィ著、神田昌典 読み手、井上久美訳／フォレスト出版

『戦略策定概論 企業戦略立案の理論と実際』波頭亮著／産能大出版部

『速読日本一が教える すごい読書術 短時間で記憶に残る最強メソッド術』角田和将著／ダイヤモンド社

『007(ダブルオーセブン)に学ぶ仕事術 ジェームズ・ボンド流出世・上司・部下対策に悩む組織人のために』尾藤克之著／同友館

『知識を操る超読書術』メンタリストDaiGo著／かんき出版

『ちょっとしたことで差がつく 最後まで読みたくなる 最強の文章術』尾藤克之著／ソシム

『出口式ロジカル・リーディング 読書で論理思考を手に入れよう』出口汪著／インデックスコミュニケーションズ

『投資効率を100倍高める ビジネス選書＆読書術』藤井孝一著／日本実業出版社

『読書脳』樺沢紫苑著／サンマーク出版

『読書の技法』佐藤優著／東洋経済新報社

『読書は1冊のノートにまとめなさい 100円ノートで確実に頭に落とすインストール・リーディング』奥野宣之著／ナナ・コーポレート・コミュニケーション

『どんな本でも大量に読める「速読」の本』宇都出雅巳著／大和書房

『ビジネスに効く最強の「読書」本当の教養が身につく108冊』出口治明著／日経BP社

『ビジネスマンのための「読書力」養成講座』小宮一慶著／ディスカバー・トゥエンティワン

『人もお金も動き出す！ 都合のいい読書術』神田昌典著／PHP研究所

『100万PV連発のコラムニスト直伝「バズる文章」のつくり方』尾藤克之著／WAVE出版

『フォーカスリーディング「1冊10分」のスピードで、10倍の効果を出す いいとこどり読書術』寺田昌嗣著／PHP研究所

『「深読み」読書術 人生の鉱脈は本の中にある 』白取春彦著／三笠書房

『僕らが毎日やっている最強の読み方 新聞・雑誌・ネット・書籍から「知識と教養」を身につける70の極意』池上彰・佐藤優著／東洋経済新報社

『本を読む本』J・モーティマー・アドラー、V・チャールズ・ドーレン 著・外山滋比古、槇未知子訳／講談社

『山川 一問一答 倫理』倫理用語問題研究会／山川出版社

『読まずにすませる読書術 京大・鎌田流「超」理系的技法』鎌田浩毅著／SBクリエイティブ

『読む力」と「地頭力」がいっきに身につく 東大読書』西岡壱誠著／東洋経済新報社

『READING HACKS! 読書ハック！ 超アウトプット生産のための「読む」技術と習慣』／原尻淳一著／東洋経済新報社

『理系読書 読書効率を最大化する超合理化サイクル』犬塚壮志著／ダイヤモンド社

『レバレッジリーディング』本田直之著／東洋経済新報社

『ローマ人の物語（1）ローマは一日にして成らず』塩野七生著／新潮社

●注釈

文化庁 令和２年度「国語に関する世論調査」の結果について
https://www.bunka.go.jp/koho_hodo_oshirase/hodohappyo/93398901.html

The effect of speed reading training for university students
広島大学心理学研究9 159-170, 2010-03-31

Anne-Laure Le Cunff"The speed reading fallacy: the case for slow reading"
https://nesslabs.com/speed-reading

T・herrien (2004). Fluency and Comprehension Gains as a Result of Repeated Reading A Meta-Analysis. Remedial and Special Education, 25(4), 252-261.

"The Efficacy of Speed Reading Programs: A Meta-Analysis"（E. L. Pressley, M. E. Harris, and R. J. Guthrie, 2002）
"The Myth of Speed Reading"（D. N. Osherson, 2006）
"The Speed Reading Fallacy"（L. M. Standish, 2009）

Masson, M. E. J. (2018). Intentions and actions. Canadian Journal of Experimental Psychology, 72, 219-228.

Rayner, K. (2009). The Thirty Fifth Sir Frederick Bartlett Lecture: Eye movements and attention during reading, scene perception, and visual search. Quarterly Journal of Experimental Psychology, 62, 1457-1506.

Memory: A Contribution to Experimental Psychology Hermann Ebbinghaus（1885）

Campus Wellness　https://uwaterloo.ca/campus-wellness/curve-forgetting

「SNS時代の文章指南 バズらせるための過酷な競争」朝日新聞読書欄（2021年10月23日付朝刊）https://www.asahi.com/articles/photo/AS20211023000219.html

松山祐希、高丸公斗、縄手雅彦「視覚的な音韻意識訓練が読みに及ぼす効果」NPO法人ヒューマンインタフェース学会

菅谷克行「電子書籍が読書行動に及ぼす影響と読書文化に関する一考察」2019PC Conference・コンピュータ利用教育学会

「子供の読書活動に関する現状と論点」（文部科学省生涯学習政策局青少年教育課）
https://www.mext.go.jp/b_menu/shingi/chousa/shougai/040/shiryo/__icsFiles/afieldfile/2017/08/15/1389071_005.pdf

2021年メディア調査「スマホの利用時間は、1日にどのくらい?」NHK放送文化研究所https://www.nhk.or.jp/bunken/yoron-jikan/column/media-2021-04.html

文部科学省総合教育政策局地域学習推進課「令和４年子どもの読書活動の推進に関する有識者会議論点まとめ」（令和4年12月27日）
国立青少年教育振興機構青少年教育研究センター「子どもの頃の読書活動の効果に関する調査研究」（令和３年３月発行）

文部科学省総合教育政策局地域学習推進課「令和４年子どもの読書活動の推進に関する有識者会議論点まとめ」（令和4年12月27日）

松尾直博（東京学芸大学）日本教育心理学会総会発表論文集　PD102 読書の心理的効果に関する研究

Walter Bradford Cannon (1915). Bodily changes in pain, hunger, fear, and rage. New York: Appleton-Century-Crofts. p. 211.

竹井成和、竹内龍人、横澤一彦「中心視野と周辺視野における特徴探索, J-STAGE トップ / 基礎心理学研究 /21 巻 (2002)」
（内藤智之）「上下視野における知覚の非対称性」（2001年）京都大学

國田祥子、山田恭子、森田愛子、中條和光「音読と黙読が文章理解におよぼす効果の比較」広島大学心理学研究 8 21-32, 2009-03-31

Kourosh Saberi & David R. Perrott「Cognitive restoration of reversed speech」Published: 29 April 1999/ nature

久保田萌々、藤川真樹、鈴木真樹史「タイポグリセミアを用いた Multi-model CAPTCHA の提案と評価」（産業応用工学会 2023）

Pareto, Vilfredo, "Il modo di figurare ifenomenieconomici(A propositodiunlibrodel　dottor Fornasari),"Giornale degli Economisti, SerieSeconda,VolumeXII,1896

齋木久美、来栖愛美「横書き書字指導に関する研究」茨城大学教育実践研究 34(2015), 157-167
LIU ZONGHAO、寺尾敦「縦書き・横書きテキストにおける日本人の好みの構造分析」日本デジタル教科書学会 発表予稿集 Vol.11, 2022

『情報社会の進展と情報技術』文部科学省 2020

二宮理佳「多読と内発的動機づけ、及びメタ認知活動」一橋大学国際教育センター紀要第５号（2014）
西田太郎「メタ認知的活動を意図した文学の読みの学習」全国大学国語教育学会 2018年83巻 p.33-41

文部科学省「国語力を身に付けるための読書活動の在り方」

松尾直博「読書の心理的効果に関する研究」日本教育心理学会, 第43回総会発表論文集

"The Effects of Photoreading on Reading Comprehension and Critical Thinking" (Journal of Instructional Psychology)
"The Effects of Photoreading on Memory and Comprehension" (Reading Improvement)

"So Much to Read, So Little Time: How Do We Read, and Can Speed Reading Help?" (Psychological Science in the Public Interest)
https://journals.sagepub.com/doi/full/10.1177/1529100615623267

"Reading ability is influenced by genetic and environmental factors" (Scientific Reports)
"Genetic and environmental influences on reading and listening comprehension" (Journal of Research in Reading)

尾藤克之（びとう かつゆき）

コラムニスト、政治評論家、著述家、障害者支援団体アスカ王国理事。

東京都出身。議員秘書、大手コンサルティングファームにて、組織人事問題を解決する業務に従事する。IT系上場企業などの役員を経て現職。現在は障害者支援団体のアスカ王国（橋本龍太郎元首相夫人の橋本久美子氏が会長をつとめる）を運営する。

監修実績として、日本初の婚活アセスメント・結婚EQチェック（Zwei）、日本初のモバイル課金型アプリ･恋愛EQ診断（インデックス）がある。現在、コラムニストとして、『東洋経済オンライン』、『言論プラットフォーム「アゴラ」』、『JBpress』、『J-CASTニュース』などに記事を投稿している。NHK、民放のTV出演や協力など多数。

主な著書に『バズる文章のつくり方』（WAVE出版）、『頭がいい人の読書術』（すばる舎）など22冊。埼玉大学大学院博士前期課程修了。修士（経済学、経営学）。

Ameba公式ブログ「秘伝のタレ」　https://ameblo.jp/bito-katsu
X（旧Twitter）　@k_bito
連絡先　bito@ymail.ne.jp

デザイン：エイプリルフール
編集：中嶋愛、山本貴政（ヤマモトカウンシル）

情報発信のプロがやっている
読書を自分の武器にする技術
2024年2月20日　第1版第1刷発行

著　者　　尾藤克之

発行所　　WAVE出版
〒102-0074　東京都千代田区九段南3-9-12
TEL 03-3261-3713　FAX 03-3261-3823
振替　00100-7-366376
E-mail　info@wave-publishers.co.jp
http://www.wave-publishers.co.jp

印刷・製本　　中央精版印刷

NDC019 224p 19cm　ISBN 978-4-86621-476-4